光に導かれて

◇従容録ものがたりII

青山俊董

春秋社

目次

カバー・本文画　佐久間　顕一

光に導かれて

従容録ものがたりII

第三十一則　雲門露柱

衆《しゅ》に示《しめ》して云《いわ》く、向上《こうじょう》の一機《き》、鶴霄漢《つるしょうかん》に沖《いた》る。当陽《とうよう》の一路《ろ》、鷂《はやぶさ》新羅《しんら》を過《す》ぐ。直饒《たとい》、眼《まなこ》流星《りゅうせい》に似《に》たるも、未《いま》だ口匾檐《くちへんたん》の如《ごと》くなることを免《まぬ》かれず。且《しばら》く道《い》え是《こ》れ何《なん》の宗旨《しゅうし》ぞ。

挙《こ》す。雲門垂語《うんもんすいご》して云《いわ》く、古仏《こぶつ》と露柱《ろちゅう》と相交《あいまじわ》る。是《こ》れ第幾機《だいいくき》ぞ。衆《しゅ》無語《むご》。自《みずか》ら代《かわ》って云《いわ》く、南山《なんざん》に雲《くも》を起《おこ》し、北山《ほくざん》に雨《あめ》を下《くだ》す。

頌《じゅ》に云《いわ》く、一道《どう》の神光《しんこう》、初《はじめ》より覆蔵《ふぞう》せず。見縁《けんえん》を超《こ》ゆるや是《ぜ》にして是《ぜ》なし、情量《じょうりょう》を出《い》ずるや当《あた》って当《あた》ることなし。巌華《がんか》の粉《ふん》たるや蜂房蜜《ほうぼうみつ》を成《な》し、野草《やそう》の滋《じ》たるや麝臍香《じゃせいこう》を作《な》す。随類《ずいるい》三尺《じゃく》一丈六《じょう》、明明《めいめい》として触処露堂堂《そくしょろどうどう》。

みな兄弟であり恋人でありたい

「この地上に住むすべてのものが、大空という一つ屋根をいただき、大地という一つ床の上に住む兄弟じゃないか。それを境界線などを引いて、我のもの彼のものと限りない争いを繰り返す。悲しいことですなあ」

これはかつて、小諸の懐古園の笹藪《ささやぶ》の陰で時に坐禅をし、時に草笛を吹いて往《ゆ》き来の人に聞かせておられた横山祖道《そどう》老師の、ある日の述懐である。

「この地上に住むすべての人」とはおっしゃらない。「すべてのもの」とおっしゃる。人間ばかりじゃない、命あるものばかりじゃない、動物も草木も、山や川や石ころに至るまで、ひとしく兄弟だとおっしゃる。広漠《こうばく》たる宇宙空間を飛行する宇宙船地球号という一つの船に乗りあわせた兄弟だとおっしゃる。

昼は太陽というおおいなる光とその働きをひとしくいただき、夜は月という清澄な燈火《とうか》

5　第三十一則　雲門露柱

を共にあおぎ、太陽系惑星相互の、さらにはそれを支えている銀河系惑星相互の引力のバランスをいただいて、安定した飛行をつづけることができる母なる地球の引力にひとしく抱かれ、安らかにそれぞれの生命の営みをしている兄弟たち。

四十六億年という歴史を持つ地球という家を住居《すまい》とし、三十数億年という生命の歩みを共有し、地球を包む一つの空気を、私が吸い、あなたが吐き、草木が吐き、動物たちが吸い、地球をめぐる一つの水を共に飲み交わし……。一つのおおいなる働きにつつまれ、生かされている兄弟姉妹たち。この働きを仏教の世界では「仏性」と呼び、また象徴化して「法身仏《ほっしんぶつ》」とか「古仏《こぶつ》」と呼び、さらには「大日如来《だいにちにょらい》」と名づけたり「阿弥陀《あみだ》如来」と親しんだりしてきた。

第三十一則「雲門《うんもん》露柱《ろちゅう》」の話では、雲門がこの天地の姿を「古仏と露柱と相い交わる」と語りかけ、さらにはその働きを「南山に雲を起こし、北山に雨を下《くだ》す」と示しておられる。

露柱というのは、たとえばお寺の本堂の丸柱のように、壁に塗り込まれていない柱のことをいう。古仏と露柱が恋仲になり、相い抱きあっているというのである。たのしい表現ではないか。地上の一切のものが恋人同士となり兄弟姉妹となり、睦《むつ》みあい、喜びや悲しみを共に分かちあい、草木からひとにぎりの土や一滴の水に至るまで、いとおしみの心を運びあうことができたら、どんなにこの地上はすばらしい楽園となることであろう。

この雲門の本則を讃《たた》えた宏智《わんし》禅師の頌《じゅ》の最後に「随類《ずいるい》三尺一丈六」という言葉が出てくる。これは『涅槃経《ねはんぎょう》』に出てくる話で、最愛のわが子を失い悲しみに打ちひしがれている親の心を救おうと、もともと一丈六尺の背丈の仏が、三尺の幼児の姿になって現れ、顚《てん》倒《とう》して本心を失っている親を、元の姿にもどした、という故事をふまえたものである。

限りない法身仏の働き、天地の働きをのべたものであり、その一つ一つ生命につつまれ、生かされている地上の一切のものが兄弟姉妹であることを、幾重にも心に刻んでおきたい。

この限りない天地の働きを、雲門は「南山に雲を起こし、北山に雨を下《くだ》す」という言葉で語っている。同工異曲ともいえる同じく雲門の言葉に、「南山に鼓を打てば北山に舞をなす」とか、「張公酒を喫すれば李公酔う」などの言葉がある。

茶道の弟子のOさんは、生まれたばかりの赤ん坊を母親にあずけ、茶事の水屋の手伝いに来ていた。ふと手を休め、「さやか（赤ん坊の名）がおなかをすかしていると思いますので、おっぱいをやりにゆかせていただきます」といって、若き母は赤ん坊のもとへかけもどっていった。赤ん坊のおなかのすくときは母のおっぱいの満ちてくるとき。二つ生命と分かれても一つにつながっている生命の働きの不思議。しかもこの母のお乳の成分は、幼な児の成長に応じて、ふさわしいように変化してゆくのだという。

天地の絶妙なる働きにただただ感歎するのみである。そこを宏智禅師は「一道の神光、初めより覆蔵せず」と賛ぜられたのである。

第三十三則　三聖金鱗

衆《しゅ》に示《しめ》して云《いわ》く、強《きょう》に逢《お》うては即《すなわ》ち弱《じゃく》、柔《じゅう》に遇《お》うては即《すなわ》ち剛《ごう》。両硬相撃《りょうこうあいう》てば必《かなら》ず一傷《しょう》あり。且《しばら》く道《い》え如何《いかん》が回互《えご》し去《さ》らん。

挙《こ》す。三聖《しょう》、雪峰《せっぽう》に問《と》う、網《あみ》を透《とお》る金鱗《きんりん》、未審《いぶかし》、何《なに》を以《もっ》てか食《じき》となす。峰云《ほういわ》く、汝《なんじ》が網《あみ》を出《い》で来《きた》るを待《ま》って汝《なんじ》に向《むかっ》て道《いわ》ん。聖云《しょういわ》く、一千五百人《にん》の善知識《ぜんちしき》、話頭《わとう》だも識《し》らず。峰云《ほういわ》く、老僧住持《ろうそうじゅうじ》事繁《じしげ》し。

頌《じゅ》に云《いわ》く、浪級《ろうきゅうはじ》初めて昇《のぼ》る時雲雷相送《ときうんらいあいおく》る、騰躍稜稜《とうやくりょうりょう》として大用《だいゆう》を見《み》る。尾《び》を焼《や》いて分明《ふんみょう》に禹門《うもん》を渡《わた》る、華鱗未《かりんいま》だ肯《あえ》て韲甕《さいよう》に淹《ひた》されず、老成《ろうせい》の人《ひと》、衆《しゅ》を驚《おどろ》かさず。大敵《たいてき》に臨《のぞ》むに慣《な》れて初《はじめ》より恐《おそ》るることなし、泛泛《へんぺん》として端《たん》に五両《りょう》の軽《かる》きが如《ごと》く、堆推《たいたい》として何《なん》ぞ啻《ただ》千鈞《きん》の重《おも》きのみならんや。高名《こうみょう》四海《かいま》復た誰《た》れか同《おな》じうせん、介《ひと》り立《た》って八風《ぷうふ》吹けども動《どう》ぜす。

勝ち負けを越えた世界に生きる

「勝ってさわがれるより、負けてさわがれる力士になれ」。これは二十八代立行司、木村庄之助氏の、結びの一番ならぬ結びの一句であった。ある講演会場で、私の前に講師を勤められた木村氏のこの一句に、私は思わず「うん」とうなずき、この一句を冒頭にいただいて私の話を始めたことであった。

「勝ってさわがれる」のは力と技の世界であるが、「負けてさわがれる」のは、勝ち負けの世界を遠く越え、人生の深みを見つめて生きる人といえよう。

西暦前二、三世紀の中国の思想界の一方を代表するものに老荘思想があり、その『荘子』の達生篇に「木雞《もっけい》」という話が出てくる。

紀渻子という闘雞師が、周の宣王のために闘雞を飼育した。十日もすると王は質《たず》ねた。

「雞は使いものになるか」と。渻子は答えた。「まだです。今のところ、むやみに強がって威勢を張っています」

また十日ほどして王は質ね、渻子は答えた。「まだ使いものになりません。まだ他の雞の響や影に対してさえさっと身構えます」

それから十日してまた王は質ね、渻子は答えた。「まだ使えません。他の雞を近づけると、まだぐっとにらみつけて気おいたちます」

それから更《さら》に十日しての王の問いに渻子は答えた。「もう完璧《かんぺき》です。他の雞が鳴き声を立てても、もはや何の反応も示しません。遠くから見るとまるで木で作った雞のようです。無為自然《むいじねん》の道を完全に身につけています。他の雞で相手になろうとするものはなく、背をむけて逃げ出しましょう」と。

第三十三則「三聖金鱗《さんしょうきんりん》」の話を読んでいて、この木村庄之助さんの言葉と、木雞の話を思い出した。

臨済《りんざい》の法を嗣《つ》いだ三聖慧然が、ある日大変な勢で雪峰《せっぽう》に質問してきた。「透網《とうもう》の金鱗、いぶかし何を以《もっ》て食となす」と。つまり網を跳ねあがり打ち破って出て来た大魚は、一体何を食べていたらよいか、要するに〝迷いの網を破り、悟りを得た人間は、どういう日送りをしたらよいか〟というのである。

雪峰答えていわく「お前が網を出て来たら話をしよう」と。三聖は「貴僧《あなた》は千五百人もの雲水の指導者だというのに、私が何をいおうとしているかも理解しておられないようですな。すでに網を出て来ているというのに、網を出て来たら、とはいったいどういうことですか」と、あくまで強気。それに対して雪峰は「住持職というものは忙しくてな、ゆっくり話をしている暇はないわい」と、さっさと引きあげていってしまった……という話である。

この雪峰を讃《たた》えた宏智正覚《わんししょうかく》の頌《じゅ》は「八風吹けども動ぜず」の一句で結ばれている。「八風吹けども動ぜず」は「天辺《てんぺん》の月」と続く禅語で、寒山詩に出てくる一句である。八風というのは利《り》・衰《すい》・毀《き》・誉《よ》・称《しょう》・譏《き》・苦《く》・楽《らく》の八つ。利は利にかなうこと、衰は意に反すること、毀はかげでそしること、誉はかげでほめること、称は面前でほめること、譏は面前でそしること、苦は心身を悩ますこと、楽は心身を喜ばすこと。人生の旅路には、追い風の日もある、向かい風の日もある。そしられるときもありほめられるときもあり、苦しいとき、楽しいときと、さまざまな風が吹きまくる。いかなる風が吹き、いかなる雲がよぎったりおおいかくしたりしようと、泰然として動かない月のように、ガタガタしないというのである。

成功や失敗や損や得や、毀誉褒貶《きよほうへん》の波間に翻弄《ほんろう》されることなく、その只中《ただなか》にありつつもはるかに高い次元に眼をすえて、今日只今の一歩を大切に踏みしめてゆく、というのである。そういう人にして「負けてさわがれる力士」であり、また「木雞」と呼ばれるにふさわしい人なのであろう。

ここで心して読んでおかねばならない一句に「住持事繁し」がある。これは文字面からいうと、「住職というものは忙しくてな、お前とゆっくり話をしている暇はない」といって、三聖慧然の強気の矛先《ほこさき》をかわした、と受けとめられる。「強に逢うては即ち弱、柔に遇うては即ち剛」という万松行秀禅師の「示衆」はこの視点から語ったものといえよう。

道元禅師はもう一歩深く踏みこんで読んでおられる。「老僧住持事繁し」と読み、「老僧とは奥裡の主人公なり」と語っておられる。奥裡の主人公とは、天地本源の生命、つまり仏性のことであり、仏性の生命をいただいているお互いの日常の生き方を問うている、というのである。

ノートルダム女子大の学長であった渡辺和子先生のお話を聞いたことがある。若き日、アメリカの修練院で配膳係をしていた。「何とつまらない仕事」と思いながら。背後から修練長の厳しい声がかかった。

「あなたは時間を無駄に過ごしております。あなたは何を考えながら皿を並べていますか。同じ皿を並べるなら、やがてそこに座る人の幸せを祈りながら置いてはどうですか。」

ロボットでもするような仕事をしていたのでは時間がもったいない。「つまらない」と思いながら仕事をしたら、つまらない時間を過ごしたことになり、幸せを祈りながら仕事をしたら、祈りと愛のこもった時間になる。その祈りが相手に届くか届かないか、そんなことはどうでもよい。「雑用というものはありません。用を雑にした時に、雑用が生まれるのです」と語り、更に「時間の使い方は、そのまま、いのちの使い方です」と語られる。

渡辺和子先生のこの言葉を聞きながら、私は道元禅師の『典座教訓』のお心を思った。

〝俗事などというものはない。すべて仏事であるが、それに立ち向かう人の心一つで俗事におとしてしまう〟のお示しと全く一つであると。

眠っている一瞬も、台所の当番で料理をしているときも、ときに腹立ち、ときに笑っている一瞬も、仏性の生命の歩みであることにかわりはない。私はこれをもう少し身近にひきよせて、「どの一瞬も、かけがえのないわが生命の歩みとして、大切に生きる」と云いかえている。透網の金鱗と自負する三聖慧然の生き方も、この一語につきるといえよう。

第三十四則　風穴一塵

衆《しゅ》に示《しめ》して云《いわ》く、赤手空拳《せきしゅくうけん》にして千変万化《ぺんばんか》す、是《こ》れ無《む》を将《もっ》て有《う》と為《な》すと雖《いえど》も、奈何《いかん》せん仮《け》を弄《ろう》して真《しん》に像《かたど》ることを。且《しば》らく道《い》え還《かえ》って基本《きほん》ありや也《ま》た無《な》しや。

挙《こ》す。風穴垂語《ふけつすいご》して云《いわ》く、若《も》し一塵《じん》を立《りっ》すれば家国興盛《かこくこうせい》す、一塵《じん》を立《りっ》せざれば家国喪亡《かこくそうぼう》す。雪竇拄杖《せっちょうしゅじょう》を拈《ねん》じて云《いわ》く、還《かえ》って同死同生《どうしどうしょう》底《てい》の衲僧《のうそう》ありや。

頌《じゅ》に云《いわ》く、皤然《はぜん》として渭水《いすい》に垂綸《すいりん》より起《た》つ、首陽清餓《しゅようせいが》の人《ひと》に何似《いずれ》ぞ、只《ただ》一塵《じん》に在《あ》って変《へん》態《たい》を分《わか》つ、高名勲業《こうみょうくんぎょう》両《ふた》つながら泯《みん》じ難《がた》し。

みな「おないどし」

七、八年も前のことになるが、右脚を痛め、右脚をかばって左脚が痛くなり、両脚をかばって両手を痛くしたことがあった。その手足を治療しながらおっしゃって下さったお医者さんの言葉が忘れられない。「右脚も左脚もそして両手も、みんなおないどしだから、大事にして下さいよ」

〝おないどし〟、いい言葉である。

芸術家であると同時に深い信心に生きた方に長谷川富三郎先生がいる。河井寛次郎さんや柳宗悦さん、棟方志功さんらと親交のあったお方である。

この長谷川先生のお母さまは、お念仏のように「おないどし」ということをおっしゃり、特に疲れたときは「おないどしにたのもうかいな」とつぶやきながら、誰にたのむというのでもなく、一人で事にあたっておられたという。その「おないどし」が、「自分の中の自分以上のものの名を、『仏』とか『神』という」、その働きを呼ぶものだということがわかったのは、ずいぶん晩年のことであったと語っておられた。

河井寛次郎さんの言葉に「底辺を共有する無数の三角形―それが人間だ」というのがある。ひとしく天地いっぱいのお働きにつつまれ、生かされているお互いなのである。同じ太陽や月の光や働きをいただき、同じ空気につつまれ、大地に支えられ、この地上の人間ばかりではない、一切の存在があらしめられている条件は一つ。それが「底辺を共有する」という一句である。その一つの働きをいただきつつ、植物となり動物となり、人間となり、あなたがあり私がある。それが「無数の三角形」という言葉で表現しようとしている中味である。つまりこの地上の一切は、一つ生命に生かされている「おないどし」のあなたであり、わたしなんだというのである。

好んでサインする禅語に「春色高下《しゅんしょくこうげ》なく、花枝《かし》おのずから短長《たんちょう》」というのがある。春は全く平等に地上のすべての上にやってくる。その同じ働きをいただきつつ、長短あり遅速あり、千態万様の姿で春を演出する。

河井寛次郎さんが「底辺」と呼び、長谷川富三郎さんが「おないどし」と呼び、またここで「春」と表現しているもの、これを仏教の専門語に置きかえると「仏性《ぶっしょう》」とか「真《しん》如《にょ》」ということになろう。

時間的には永遠の、空間的には銀河系の果てまでもの、いつでもどこにでも満ち満ちている御働き、地上の一切のものがひとしく、それにつつまれ、それによって生死しているその働きを、仏性と呼び真如と呼び、それを象徴的に表わしたのが仏像でもある。

第三十四則「風穴一塵《ふけついちじん》」では、風穴延沼《ふけつえんしょう》が「一塵を立すれば家国興盛《かこくこうせい》す。一塵を立せざれば家国喪亡《そうぼう》す」といい、雪竇重顕《せっちょうじゅうけん》が「同死同生底《どうしどうしょうてい》の衲僧《のうそう》有りや」と語っている。

「一塵を立する」というのは、河井寛次郎さんの言葉でいうならば「無数の三角形」の側であり、春の働きをいただいて千態万様に咲く花々の側から光を当てたものであり、「一塵を立せざれば」というのは、等しくする底辺の側、千態万様の花を咲かせるもとの一つの春という働きの側に光を当てたものである。

一つの春の働きをいただいて花開き散り、一つの底辺を共有してあなたの人生があり私の人生がある。それが「同死同生底」なのである。

柳宗悦さんの言葉に「アナフシギ　御仏、吾ガヨワイ」というのがある。一切のものが仏と、天地と「おないどし」であり、その「おないどし」に生かされている兄弟姉妹であることを忘れまい。

第三十六則　馬師不安

衆《しゅ》に示《しめ》して云《いわ》く、心意識《しんいしき》を離《はな》れて参《さん》ずるも這箇《しゃこ》の在《あ》るあり、凡聖《ぼんしょう》の路《みち》を出《い》でて学《がく》するも已《すで》に太高生《たいこうせい》。紅爐《こうろ》迸出《へいしゅつ》す鉄蒺藜《てっしつり》、舌剣脣槍《ぜっけんしんそう》口《くち》を下《くだ》し難《がた》し。鋒鋩《ほうぼう》を犯《おか》さず試《こころ》みに請《こ》う、挙《こ》す看《み》よ。

挙《こ》す。馬大師不安《ばだいしふあん》、院主問《いんじゅと》う、和尚《おしょう》近日《きんじつ》尊位《そんい》如何《いかん》。大師云《だいしいわ》く、日面《にちめん》仏月面仏《ぶつがちめんぶつ》。

頌《じゅ》に云《いわ》く、日面月面《にちめんがちめん》、星流《ほしなが》れ電巻《でんま》く、鏡《かがみ》は像《ぞう》に対《たい》して私《わたくし》なし、珠盤《たまばん》に在《あ》りて自《おのずか》ら転《てん》ず。君見《きみみ》ずや鉆鎚《てんつい》の前《まえ》百錬《れん》の金《きん》、刀尺《とうしゃく》の下《もと》一機《き》の絹《きぬ》。

永遠の仏の生命を生老病死する

何年前のことになろうか。小松市の今川透師から講演依頼の手紙が届いた。文中に「大腸癌《がん》で死と向かいあっているとき、『毙』という文字を考えついた」という言葉があった。死と向かいあっている方へのお返事としては間が抜けすぎているが、私としては最短距離の十カ月後の日程のお約束をし、〝どうぞ、それまで生きていて下さい〟と祈る思いであった。さいわい生きながらえ、迎えて下さった今川先生は「今年の春、癌が肝臓に転移し、助からないかと思いましたが、さいわいに命いただくことができ、今日、先生をお迎えすることができました」と心から喜んで下さった。そのご住職を見つめ、眼に涙をいっぱいためながら奥様がおっしゃった。

「住職が癌になったお陰《かげ》で、本物の坊さんになってくれました」

私は全身を鉄棒でなぐられたような思いで深々と頭を垂れ、御夫妻の言葉を心に深く刻んだ。

「𣦸」を何と読むか。

東井義雄先生は「生きているということは死ぬ生命をかかえているということだ」と語っておられる。死と背中あわせの人生、無常の生命を見すえての人生、「いつ死んでもよい今日只今《ただいま》の生き方を」と、まずはいただける言葉であろう。

私はもう一つ、別の見方をしたい。「生」という文字の下の「一」と、「死」という文字の上の「一」を共有して、生死の二文字が一文字の形をとっているわけである。この「一」に注目したい。

「正」という文字は「一以止《いちもってとどまる》」と、文字構成の上では説明されている。「一に止まる」ことが正しいことだというのである。易経では「一は天を指し、二は地を指す」といい、老子は「一は道であり真であり善である」と説き、「純一」「一筋」と熟語し、混り気なしの姿をあらわし、「一家」「一国」となると全体を意味する。つまり「正」の字の心は天の道、神や仏の教えに腰をすえ、純一にこれを守り、しかもつねに全体的展望の上に立って生きてゆけというのである。

私はこの、「一」が天を、神・仏、永遠なるものを象徴するというところに着目し、「兂」の文字を「仏の生命を生死する」と解読した。永遠の仏の生命を、今さいわいに今川先生は今川透という生命をいただいて生老病死し、私は青山俊董という具体的な生命をいただいて生死している。同じ天地の働きをいただいて、梅や桜も咲き、やがて散る。具体的な姿をいただけば、必ず始めがあり終る日もあるけれど、人や動物達《たち》を生死させ、花々を咲かせたり散らせたりする働きそのもの、生命そのものは不生不滅、永遠なのである。永遠の仏の御生命を、私という姿でいただいて生老病死していく。病もうが、ぼけようが、本人は錯乱して仏の生命など見失い七顚八倒《しちてんばっとう》しようが、永遠の仏の御生命、御働きからはずれようのない生命を、生かさせていただいているのだというのである。

第三十六則「馬師不安《ばしふあん》」の則は、老病の床に臥《ふ》しておられる馬祖道一《ばそどういつ》禅師を、院主《いんじゅ》（事務長）が見舞ったときの問答を記したものである。不安というのは身体が軽安でなく不快だということで、つまり病気を意味する。

「和尚さま、お体の具合はいかがですか」との院主の問いに対し馬祖は「日面仏《にちめんぶつ》、月面仏《がちめんぶつ》」と答えた。つまり「お日さまとお月さま」ということであり、古来、太陽は永遠を象徴し、月は一日一夜の無常の生命を象徴するものとされてきた。馬祖は今老病の床にあり、死を目前にしている。「永遠の仏の御生命（日面仏）を、生老病死（月面仏）している」と答えたと受けとめることができよう。

今一つ、「癌になったお陰で本物の坊さんになってくれました」の一言を踏まえ、はかない生命ながら真実のあり方を求め、行じて生きたいの願いをこめて作った私の歌を。

つかの間の
　きらめきながら
　　とこしえの
光やどして水の流るる

第三十七則　潙山業識

衆《しゅ》に示《しめ》して云《いわ》く、耕夫《こうふ》の牛《うし》を駆《か》って鼻孔《びくう》を拽回《えいかい》し、飢人《きにん》の食《じき》を奪《うば》って咽喉《いんこう》を把定《はじょう》す。還《かえ》って毒手《どくしゅ》を下《くだ》し得《う》る者《もの》ありや。

挙《こ》す。潙山《いさん》、仰山《ぎょうざん》に問《と》う、忽《たちま》ち人有《ひとあ》りて一切衆生《さいしゅじょう》但業識茫茫《ただごっしきぼうぼう》として本《もと》の拠《よ》るべき無《な》きありやと問《と》わば作麼生《そもさん》か験《こころみ》ん。仰云《ぎょういわ》く、若《も》し僧《そう》の来《きた》ることあらば即《すなわ》ち召《め》して云《い》わん、某甲《それがし》と、僧首《そうこうべ》を回《めぐ》らさば乃《すなわ》ち云《いわ》ん、是《こ》れ甚麼《なん》ぞと。彼《かれ》が擬議《ぎぎ》せんを待《ま》って向《むか》って云《い》わん、唯業識茫《ただごっしきぼう》茫《ぼう》たるのみに非《あら》ず亦乃《またすなわ》ち本《もと》の拠《よ》るべきなしと。潙云《いいわ》く、善《よ》い哉《かな》。

頌《じゅ》に云《いわ》く、一《ひと》たび喚《よ》べば頭《こうべ》を回《めぐ》らす我《われ》を識《し》るや否《いな》や、依俙《いき》として蘿月《らげつ》又鈎《またこう》となる。千金《きん》の子《こ》纔《わず》かに流落《りゅうらく》して、漠漠《ばくばく》たる窮途《きゅうと》に許《こ》の愁《うれい》あり。

梅もすみれもみな春の顔

山あいの古寺を訪ねた。例年なら残雪のある境内いっぱいに紅白の梅が咲きかおり、石段や飛び石や苔《こけ》のあいまにはすみれやタンポポが春を奏でていた。庭の真中にそそり立っている大銀杏《いちょう》は、まだ深い眠りから覚めず、背景の山々の辛夷《こぶし》は、早くも楚々《そそ》とした白い花をつけている。

「春色高下無く、花枝おのずから短長」《しゅんしょくこうげなく、かしおのずからたんちょう》の古人の言葉を、そのまま一幅の絵として展開したかのような景色に思わず足をとどめる。

地上のすべての上に全く平等に一つの春が訪れる。同じ春の働きをいただき、同じ春の只中《ただなか》につつまれながら梅や辛夷は丈高く、すみれやタンポポは地に這《は》い、あるいはいち早く目覚めて春を告げるもの、いつまでも冬の深い眠りから覚めないもの……といろいろあって、春の調べを豊かなものにしている。

「バラの木にバラの花咲く、何事の不思議なけれど」と歌った詩人がいたが、何億年来の約束の中で、バラはバラとして咲く働きを相続し、梅は梅、すみれはすみれの姿をいただき、授かりのままに花咲かせ、みのらせている。今風の言葉でいうなら遺伝子の違いというのであろうか。

彼らが悪平等を唱え一切のものが同じ姿となり、一時に花を開かせたら、地上は何と味けないことになろう。長短あり遅速あり、日向に咲くものあり日陰に咲くものあり、昼咲くもの夜しか咲かないもの、さまざまあってこの世は楽しく豊かなのである。

同じ人間の姿をいただいて生まれてきても、女となり男となり、更《さら》には私のようにノロマなものもあれば、いつもセッカチで先ばしるものもいる。そういう違いもおおかた親からいただいているものが多い。こういう働きを仏教の世界では「業」と呼んでいる。

「業が深い」などと一般にはあまり良い意味ではない形で使われているが、仏教本来の立場からいえば「業」という言葉は「行為」を意味する。身と口と意《こころ》の三つ「身口意《しんくい》の三《さん》業《ごう》」を通してのすべての行為と、その行為が必ず未来に結果を招く働きとなる「業報《ごっぽう》」を説く。たとえばあたたかい言葉（口業《くごう》）をかければ、そのあたたかい言葉の力があたたかい世界を展開し（楽果）、相手を傷つけるような言葉を吐けば、言葉が刃のような力（業力）をもって相手の心を傷つける（苦果）というように。

第三十七則「潙山業識《いさんごっしき》」では、潙山と弟子の仰山《ぎょうざん》との間にかわされた業識の話が登場する。潙山が仰山に向かって「『業識茫々《ぼうぼう》として本《もと》の拠《よ》るべきところがあるか』という質問を受けたらお前はどう答えるか」と質《たず》ねる。つまり〝われわれ人間の一生の生き方も、またこの地上の一切のもののありようも、たとえば大海原にただよう千波万波のように業に流されて茫々として、何のよるべもないように思われるがどうか〟と質問されたらどう答えるか、と師の潙山に仰山はテストされた訳《わけ》である。

するとと仰山はまず「『Aさん』とその人の名を呼びます。Aさんがふり返ったら『是《こ》れなんぞ』と問い正し、まごついているAさんに向かって『業識茫々たるのみにあらず、またもとの拠るべきなし』といいましょう」と答え、師の潙山は「結構じゃ」と誉《ほ》めたという。

一つの水が千波万波の姿をとり、雪や雲や氷というように千態万様の姿をとってこの天地を彩る。千態万様の姿の側からみたとき業識となり、水の側からみたとき一つの仏の働き（仏性）となる。別のものがあるわけではない。一つのものの二つの名前とみればよい。梅や辛夷やすみれとさまざまに現れ方こそ違え、一つの春の働きであるように。

「Aさん！」と呼ばれ「ハイッ」と答えることができる、「これ何ぞ？」と、お互いの心に深く深く問いかけていきたい。

第三十八則　臨済真人

衆《しゅ》に示《しめ》して云《いわ》く、賊《ぞく》を以《もっ》て子《こ》となし、奴《ぬ》を認《みと》めて郎《ろう》と作《な》す。破木杓《はもくしゃく》は豈《あ》に是《こ》れ先祖《せんぞ》の髑髏《どくろ》ならんや。驢鞍鞽《ろあんきょう》は又阿爺《またあや》の下頷《かがん》に非《あら》ず。土《ど》を裂《さ》き茅《ぼう》を分《わか》つ時如何《ときいかん》が主《しゅ》を弁《べん》ぜん。

挙《こ》す。臨済《りんざい》衆《しゅ》に示《しめ》して云《いわ》く、一無位《むい》の真人《しんにん》あり、常《つね》に汝等《なんじら》が面門《めんもん》に向《むか》って出入《しゅつにゅう》す、初心《しょしん》未証拠《みしょうこ》の者《もの》は看《み》よ看《み》よ。時《とき》に僧《そう》ありて問《と》う、如何《いか》なるか是《こ》れ無位《むい》の真人《しんにん》。済《さい》、禅牀《ぜんしょう》を下《くだ》って擒住《きんじゅう》す。這《こ》の僧《そう》擬議《ぎぎ》す。済《さい》、托開《たっかい》して云《いわ》く、無位《むい》の真人是《しんにんこ》れ甚《なん》の乾屎橛《かんしけつ》ぞ。

頌《じゅ》に云《いわ》く、迷悟相反《めいごあいはん》し、妙《みょう》に伝《つた》えて簡《かん》なり。春百花《はるひゃっか》を坼《ひら》かしめて一吹《すい》し、力《ちから》九牛《ぎゅう》を回《めぐ》らして一挽《ばん》す。奈《いかん》ともするなし泥沙撥《でいしゃはら》えども開《ひら》けざることを、分明《ふんみょう》に塞断《さいだん》す甘泉《かんせん》の眼《まなこ》、忽然《こつねん》として突出《とっしゅつ》せば、肆《ほしいまま》に横流《おうりゅう》せん。師《し》復《ま》た云《いわ》く、険《けん》。

トゲも花もエネルギーは一つ

T市の主催する青少年健全育成市民大会というのにお話に行った。壇上に「愛の手で非行の芽を摘もう」と大書されたスローガンが掲げられていた。私は開口一番「このスローガン、気に入らない。〝愛の手で非行の芽を摘もう〟という姿勢ではなく〝愛の手で良い芽を伸ばそう〟というのでなくては駄目じゃないでしょうか」と提言した。

非行に走るエネルギーも、良い方へ伸びようとするエネルギーも生命のエネルギーそのものは一つ。摘むことしか考えなかったら、エネルギーの出場所がなくなる。誰しも良いところを持っている。その良い所、長所をどんどん伸ばしてやれば非行に走るエネルギーはなくなるはず。「角を矯《た》めて牛を殺す」ような愚をしてはならない、と語り、下村湖人の次の詩を紹介した。

あなたとわたしは
いま、バラの花園を歩いている。
あなたはいう、「バラの花はうつくしい、
だが、そのかげにはとげがある」と。
けれども、私はいいたい、「なるほど、バラにはとげがある、
それでも、こんなにうつくしい花を咲かせる」と。

一本のバラの花を見ていることに変りはないが、目をどこに注いでいるかで、そこに展開する世界は全く違ったものとなる。トゲの方に目を注ぐところからは、とがめだての冷たい険悪な世界が広がろう。花の方に目を注いでいるところからはトゲはゆるされるべきものとして、あたたかい世界が広がろう。

この詩の語りかけるところは、良いところを見つけ、伸ばそうという点にあるのであろう。しかし私はもう一歩踏みこんで、トゲを育てるエネルギーも花を咲かせるエネルギーも元は一つ。その一つの生命のエネルギーの出場所はどこか。天地いっぱいが総力をあげ

てのお働きをいただいて、トゲとなり、また花を咲かせているのだ、ということを忘れてはならない。たった一つの生命のエネルギーの現れ方が違うだけなんだということに気づかねばならない、と思うのである。

第三十八則「臨済真人《りんざいしんじん》」では、後の臨済宗の開祖となった臨済義玄《ぎげん》和尚が、修行僧達《たち》に「一無位《いちむい》の真人がいつも、お前たちの顔から出入りしている。よくよく心の眼を開いて看《み》よ」と示された。そこで一人の僧が「無位の真人とはどういう人ですか」と質問すると、臨済は座っていた禅牀《ぜんしょう》からとびおりて来て、その僧の胸倉をとっつかまえてゆさぶった。「お前自身じゃ。何をウロウロしている！」というのである。しかし僧は臨済のいわんとするところが理解できずドギマギしている。臨済はこの僧をつきはなして「すばらしい無位の真人に気づかぬばかりに、乾屎橛《かんしけつ》（糞《くそ》かきべら）におとしてしまっているわい」となげいた、とある。

この「無位の真人、面門《めんもん》に現ず」は「智慧愚痴般若《ちえぐちはんにゃ》に通ず」の語に連なり、またこの則の頌《じゅ》では「迷悟相反《めいごあいはん》し」という言葉で受けとめられている。つまり天地いっぱいの働きを、ここでは「無位の真人」という言葉で表し、その働きにめざめる（悟）ことができたとき生命は輝きをみせるのであるが、気づかず迷っていると、せっかくの生命も色あせ、ときには社会悪の方向へと走らせてしまう、というのである。天地総力をあげてのお働きによる授かりの生命のエネルギー（無位の真人）と気づいたら（悟）、悪には走れなくなり、トゲは出せなくなるというのである。

無位とは階級に属さないということであり、天地いっぱいの生命の働きそのものを指す。「汝が面門に向って出入す」の言葉を浅く受けとめると、無位の真人というものが別のところにあって、私のこの体に入ったり出たりしている、と受けとめたくなるが、そうではない。この五尺の体そのものが丸ごと無位の真人なんだということを忘れてはならない。この体の他に無位の真人があるのではないということに気づかないばかりに、乾屎橛におとしてしまっているということを。

第三十九則　趙州洗鉢

衆《しゅ》に示《しめ》して云《いわ》く、飯来《はんきた》れば口《くち》を張《は》り、睡来《ねむりきた》れば眼《まなこ》を合《がっ》す。面《めん》を洗《あら》う処《ところ》に鼻孔《びくう》を拾得《しゅうとく》し、鞋《わらじ》を挽《と》る時《とき》脚跟《きゃっこん》に摸著《もじゃく》す。那時《なじ》話頭《わとう》を蹉却《さきゃく》せば、火《ひ》を把《と》って夜深《よふ》けて別《べつ》に覓《もと》めよ。如何《いかん》が相応《そうおう》し去《さ》ることを得《え》ん。

挙《こ》す。僧《そう》、趙州《じょしゅう》に問《と》う、学人《がくにん》乍入叢林《さにゅうそうりん》、乞《こ》う師《し》指示《しじ》せよ。州云《しゅういわ》く、喫粥了《きっしゅくりょう》や也未《まいだ》しや。僧云《そういわ》く、喫《きっ》し了《おわ》る。州云《しゅういわ》く、鉢盂《はつう》を洗《あら》い去《さ》れ。

頌《じゅ》に云《いわ》く、粥罷《しゅくは》は鉢盂《はつう》を洗《あら》わしむ、豁然《かつねん》として心地《しんち》自《おのず》から相《あ》い符《ふ》す。而今《にこん》参《さん》じ飽《あ》く叢林《そうりん》の客《かく》、且《しば》らく道《い》え其《そ》の間《かん》に悟《ご》有《あ》りや無《な》しや。

卒業なしの修行と跡を消すことと

趙州従諗《じょうしゅうじゅうしん》禅師（七七八―八九七）は、師の南泉普願《なんせんふがん》禅師と共に、中国・唐代を代表する禅僧であり、『従容録《しょうようろく》』にも度々登場する。

茶人達《たち》が好んで茶掛けにする言葉の一つに「喫茶去《きっさこ》」というのがあり、趙州の言葉である。「喫茶去」、つまり「お茶を飲みなさい」というのであり、「去」は接尾語で、特に意味を持たない。たとえば日本語でも「お茶を飲んでいきなさい」という。「お茶を飲め」といっているのであって「いきなさい」に意味があるのではないように。

ある時、趙州が二人の修行僧に質《たず》ねた。「曽《か》つて此処《ここ》へ来たことがあるか？」と。一人の雲水が「この度、初めて参りました」と答えたのに対し、趙州は「喫茶去」と指示した。もう一人の雲水は「すでに参っております」という。それに対しても同じように趙州は「喫茶去」といった。

この二人の雲水とのやりとりをかたわらで見ていた院主《いんじゅ》（事務長）が質問してきた。「初めて来たものに『お茶を飲め』というのはわかる。曽つて来たものにまで何故《なぜ》『お茶を飲め』というのか？」と。そこで趙州は「院主」と呼び、「ハイ」という院主の答え待って「喫茶去」といったという話であり、これを「趙州三喫茶去」と呼ぶ。

「お茶を飲め」というのは、いわゆるのお茶のことではない。「趙州の仏法を飲みほせ」ということであり、更《さら》には、趙州の仏法は他ならない釈尊の仏法であり、釈尊の仏法は天地の道理、人のまことを説いたものである。天地の道理、人の道を体得しつくしたとき、趙州の茶を飲みほしたといえる、というのである。しかし、この道は飲みほせるものではなく、飲むほどに、分け入るほどに、入り口にたたずんでいるにすぎない自分に気づき、まさに「道窮《みちきわま》りなし」の思いを深めるばかりである。

だから初心の者にも「喫茶去」、すでに学んだ者にも「喫茶去」、学び終えたと思える者にも「喫茶去」と、卒業なし、終着駅なしの修行を示されたのである。

肉体の食べ物も一度食べればよいというものではなく、死ぬまで食べつづけなければならないように、心の食物も貪婪《どんらん》に食べつづけなければ、心が枯渇してしまう。それを示したのが「趙州三喫茶去」の話であろう。

第三十九則「趙州洗鉢《じょうしゅうせんぱつ》」では、さらにその修行をしたあと、悟ったあとを洗い去れ、消し去れ、と説く。一人の雲水が趙州のところへ来て「修行のあり方についてお示し下さい」という。趙州は「お粥《かゆ》（朝食）を食べたか？」と質ね、「ハイ食べました」と答える雲水に向かって「食べ終ったら茶碗《ちゃわん》を洗っておきなさい」といったという。

あまりにも当り前の子供でもわかっていることであるが、容易ならぬ教えである。「食べたら食器を洗え」の教えからは、二つの学びができよう。一つは仏法は、そして人生を大切に生きるということは、特別のことではない。〝平凡な日常茶飯の一つ一つを大切に勤める〟、それに尽きるということであり、もう一つの教えは、学んで、学んだ跡を、悟って悟った跡を残すな、洗い去り、消し去り、忘れ去れ、というのである。

良寛さまも「悟りくさき話」「学者くさき話」「茶人くさき話」はするなと「戒語《かいご》」の中で示し、日本の諺《ことわざ》にも「味噌《みそ》の味噌くさきは上味噌にあらず」といって、「くさい」ことを誡《いまし》めている。さり気《げ》ない言葉の中に秘められた深い教えを、心して汲《く》みとらせていただかねばならないと思うことである。

ではその喫し尽くさねばならない茶とは何か。つまり仏法とは何か。「示衆」に、「飯来れば口を張り、睡り来たれば眼を合す云々」の一句がある。食物を口のそばへ近づければ、おのずから口は開き、口へ入れればおのずから顎が上下に動いて食物を噛みくだき、おのずから飲みこむ。夜になったり疲れたりすればおのずから瞼が閉ざされ、眠りが授かる。

榎本榮一さんの詩に、

一日が終ると
インドの人　中国の人
日本の私
みんな同じねむりを
大自然さまからいただく

という「ねむり」と題する詩がある。この働きに気づくことができたとき、趙州の茶を喫しおえたといえるのではなかろうか。

第四十則　雲門白黒

衆《しゅ》に示《しめ》して云《いわ》く、機輪転《きりんてん》ずる処《ところ》智眼《ちげん》猶《な》お迷《まよ》う、宝鑑開《ほうかんひら》く時《とき》纖塵度《せんじんわた》らず、拳《こぶし》を開《ひら》いて地《ち》に落《お》ちず、物《もの》に応《おう》じて善《よ》く時《とき》を知《し》る、両刃相逢《りょうじんあいあ》う時如何《ときいかん》が回互《えご》せん。

挙《こ》す。雲門《うんもん》、乾峰《けんぽう》に問《と》う。師《し》の答話《とうわ》を請《こ》う。峰云《ほういわ》く、老僧《ろうそう》に到《いた》るや也未《またいま》だしや。門云《もんいわ》く、恁麼《いんも》ならば則《すなわ》ち某甲《それがし》遅《おそ》きに在《あ》り。峰云《ほういわ》く、恁麼《いんも》那《な》恁麼《いんも》那《な》。門云《もんいわ》く、将《まさ》に謂《おも》えり侯白《こうはく》と、更《さら》に侯黒《こうこく》あり。

頌《じゅ》に云《いわ》く、弦筈相啣《げんかつあいふく》み、網珠相対《もうじゅあいたい》す。百中《ちゅう》を発《はな》って箭箭虚《せんせんむな》しからず、衆景《しゅけい》を接《せっ》して光《こう》光凝《こうさ》ゆる無《な》し。言句《ごんく》の総持《そうじ》を得《え》、遊戯《ゆげ》の三昧《ざんまい》に住《じゅう》す。其《そ》の間《かん》に妙《みょう》なるや宛転偏円《えんでんへんえん》、必《かなら》ず是《かく》の如《ごと》くなるや縦横自在《じゅうおうじざい》。

すべてが旅路の彩りとなる

花無心にして蝶《ちょう》を招き
蝶無心にして花を尋ぬ
花開くとき蝶来たり
蝶来るとき花開く
吾もまた人を知らず
人もまた吾を知らず
知らずして帝則《ていそく》に従う

百花きそい咲く季節になると思い出す良寛さまの詩である。
花咲くとき、蝶や蜜蜂《みつばち》たちも冬の眠りから覚め、花びらの中にもぐりこんで蜜をごちそうになり、その羽に花粉をつけて次の花びらの中にもぐりこみ、互いに無心のままに、ごちそうになり、花粉の媒介というお手伝いをしてお返しをする。「してやった」とも「してもらった」とも思わず、無心に天地の法則（帝則）にかない、みごとなハーモニーを奏でている、というのである。

ある年の初夏、北海道の北見を訪ねたときのこと。害虫の被害の目立つ農作物を指さしながら、一人の方が語ってくれた。

「このあたり、冬の一番寒いときは零下四〇度位《くらい》になります。その寒さのおかげで害虫が死ぬんですが、最近は地球温暖化のため、厳しい寒さが来ないうちに雪が先に来てしまうんですよ。そうすると逆に雪で保護されてしまい、害虫が越冬してしまうんです。農作物の被害が目立つのはそのためです」

〝なるほど、寒いときは寒くなければいけないんだな〟とうなずかせていただいたことであった。

同じ頃《ころ》、やはり地球温暖化のためか、いつもは必ず通過する台風が東へそれ、沖縄を通らなかったため、沖縄の珊瑚礁《さんごしょう》が死滅の危機にさらされた。その理由は、台風のおかげで海水の深い処《ところ》の冷たい水と表面の温かい水とが攪拌《かくはん》され、珊瑚礁を育てる適温となるのだという。台風がそれたため海水の表面温度が上昇したばかりに、珊瑚が枯死しそうになったのだという。

人間は自分の都合で台風などないほうがよいと考えるが、〝台風も地上において大切な役割を果たしていたんだな〟と気づかせていただいたことである。

人間の身勝手なモノサシをはずしてみればこの天地間の一切のものも、そしてその中に生かされているわれわれの生命も、その肉体を構成している一つ一つも、いかなる微細なものまでも、はずれることなく、かかわりあい、救《たす》けあい、調和しあって存在していることに気づく。

そういう天地の働きの姿を、仏教の世界では古来、網の目にたとえる。網の目の一つ一つに宝珠が輝き、すべての宝珠が互いに相映じあってまばゆいばかりの様相を呈し、更《さら》には、一つをつまみあげると全部がひとつながりになってくるように、この世界のすべてのことは一つの背景に一切の働きがあり、一切が総力をあげて一つを支えていると説く。

第四十則「雲門白黒《うんもんびゃっこく》」の頌《じゅ》には「網珠相対す《もうじゅ》」という言葉で、重々無尽にかかわりあう天地の姿を網の目にたとえ、つづいて「衆景《しゅうけい》を摂《せっ》して光々無礙《こうこうむげ》」と結ばれる。

「衆景」というのは「全部」ということ、はみ出しものなし、不都合なものなし、例外なくすべてをつつみこんで障りなく輝きあっている、というのである。具体的に人生の今ここにこの言葉をあてはめてみるならば、寒くてよし、暑くてよし、雨もよし晴れもよし、病んでよし、失敗も成功も、愛する日も憎しみに変る日も、損も得も……いろいろあって人生の旅路の景色は豊かになり、また深くなるというのである。

網の目が互いに相い照らしあっているという形で宏智正覚がたたえている本則の内容は、雲門と乾峰の「老僧」についての商量である。「老僧」というのは、良寛さまの詩の中に登場する「帝則」のことであり、天地本然の働きのことをいう。それは問うたり答えたりする以前（父母未生以前）からすでにその只中なんだというので、答えを求める前にすでに答えは出ており「遅れをとったわい」ということになり、この二人の商量を、盗賊の侯白と侯黒にたとえ、「雲門白黒」と題したのである。

第四十二則　南陽浄瓶

衆《しゅ》に示《しめ》して云《いわ》く、鉢《はつ》を洗《あら》い瓶《びょう》を添《そ》う、尽《ことごと》く是《こ》れ法門仏事《ほうもんぶつじ》、柴《しば》を般《にな》い水《みず》を運《はこ》ぶ、妙用神通《みょうゆうじんづう》に非《あら》ざることなし、甚麼《なん》としてか放光動地《ほうこうどうち》を解《げ》せざる。

挙《こ》す。僧《そう》、南陽《なんよう》の忠国師《ちゅうこくし》に問《と》う、如何《いか》なるか是《こ》れ本身《ほんしん》の盧舎那《るしゃな》。国師云《こくしいわ》く、我《わ》が為《ため》に浄瓶《じょうびょう》を過《すご》し来《きた》れ。僧《そう》、浄瓶《じょうびょう》を将《も》って到《いた》る。国師云《こくしいわ》く、却《かえ》って旧処《きゅうしょ》に安《あん》ぜよ。僧《そう》、復《ま》た問《と》う、如何《いか》なるか是《こ》れ本身《ほんしん》の盧《る》舎那《しゃな》。国師云《こくしいわ》く、古仏過去《こぶつかこ》する事久《ことひさ》し。

頌《じゅ》に云《いわ》く、鳥《とり》の空《くう》を行《ゆ》く、魚《うを》の水《みず》に在《あ》る、江湖相忘《ごうこあいわす》れ、雲天《うんてん》に志《こころざし》を得《え》たり。擬心《ぎしん》一糸《し》、対面千里《たいめんせんり》、恩《おん》を知《し》り恩《おん》を報《ほう》ず、人間幾幾《にんげんいくばく》ぞ。

「あたりまえ」のすばらしさに気づく

若くして悪性腫瘍《しゅよう》のために亡くなられた井村和清先生が、幼い飛鳥《あすか》ちゃんというお子さんと、まだ奥さまのお腹《なか》の中にいるわが子のために、亡くなる直前に書き遺《のこ》した『飛鳥へ、そしてまだ見ぬ子へ』（祥伝社刊）という本の中に、「あたりまえ」という詩がある。

あたりまえ
こんなすばらしいことを、みんなはなぜよろこばないのでしょう。
あたりまえであることを。
お父さんがいる、お母さんがいる、手が二本あって、足が二本ある。
行きたいところへ自分で歩いてゆける。
手をのばせばなんでもとれる。
音がきこえて声がでる。

こんなしあわせはあるでしょうか。
しかし、だれもそれをよろこばない。
あたりまえだ、と笑ってすます。
食事が食べられる。
夜になるとちゃんと眠れ、そしてまた朝がくる。
空気をむねいっぱいすえる。
笑える、泣ける、叫ぶこともできる。
みんなあたりまえのこと、こんなすばらしいことを、
　みんなは決して
　よろこばない。
そのありがたさを知っているのは、それを失《な》くした人達《たち》だけ
　なぜでしょう
　あたりまえ。
何の努力を払わなくても呼吸ができる。見ることができる。手足が自由に動く。当り前

49　第四十二則　南陽浄瓶

と思うところからは愚痴しかこぼれないが、その一つ一つの働きが途方もなく大変なことであり、その背景に限りない大きな大きな働きがあることに気づかせていただくことができた時、人生はどんなに豊かで、すべてがまぶしいほどの輝きをもって、私にせまり、私をつつんでくれることであろう。この働きを仏と呼び、初めから授かっているので本具《ほんぐ》という。

第四十二則「南陽浄瓶《なんようじょうびょう》」では、その当り前と思って見すごしている働きに気づけ、と語りかける。

中国は河南省、南陽の白崖山に住んでおられる慧忠国師《えちゅうこくし》に、雲水が質問してきた。「いかなるか是《こ》れ本身《ほんしん》の盧舎那《るしゃな》」—仏さまとは何か—と。国師は「私のために水さしを持ってきてくれ」とおっしゃる。雲水は水さしを持ってきて渡した。水を飲むか手を洗うか、用を済まされた国師は「ありがとう。水さしをもとのところへ返してきておくれ」といわれる。そこで雲水は重ねて質問した。「仏とは何ですか」と。国師は答えられた「仏はとっくに逝ってしまわれたよ」と。

「水さしを持ってきてくれ」とか、「仏とは何か」としゃべることができることも、「ハイ」といって水さしを持ってきたり、もとへ返しにゆくことができることも、あるいは水を飲んだり手を洗ったりすることができることも、すべてが盧舎那の働きそのもの、仏の御働きそのものなんだよと、国師が親切に語りかけているのであるが、心の眼や耳が開いていない雲水には、そのことを現にしつつも、見えず聞こえていない。

仏とは特別のものと考え、眼を外に向けてウロウロと探しまわっている雲水の姿を、「示衆《じしゅ》」では「何としてか放光動地《ほうこうどうち》を解《げ》せざる」―どうしてこのすばらしい働きを理解することができないのであろう―と歎《なげ》いている。

「放光動地」というのは、仏が説法をされるとき、眉間《みけん》より光を放ち、大地が六種に震動する、という表現が古来されてきた。雲水は文字通りに受けとり、特別の姿や働きのあるのを仏と考え、尋ね歩いているのである。そうではない、眼でものを見、耳で音声を聞き、舌で味わい、手足がそれぞれの働きをする、そのことが放光動地の働きなのである。バラがバラの花を咲かせ、スミレがスミレの花を咲かせ、それぞれが授かりの処《ところ》におちつき、その働きを全分に勤めあげるとき、それを神通と呼び、放光動地とたたえるのである。よそ見をするなというのである。

第四十三則　羅山起滅

衆《しゅ》に示《しめ》して云《いわ》く、還丹《げんたん》の一粒鉄《りゅうてつ》を点《てん》じて金《きん》と成《な》し、至理《しいり》の一言凡《げんぼん》を転《てん》じて聖《しょう》となす。若《も》し金鉄《きんてつ》二なく凡聖本同《ぼんしょうもとおなじ》きことを知《し》らば、果然《かぜん》として一点《てん》も用不著《ようふじゃく》。且《しばら》く道《い》え是《こ》れ那《なん》の一点《てん》ぞ。

挙《こ》す。羅山《らさん》、巌頭《がんとう》に問《と》う、起滅不停《きめつふじょう》の時如何《ときいかん》。頭《とう》、咄《とっ》して云《いわ》く、是《こ》れ誰《たれ》か起滅《きめつ》す。

頌《じゅ》に云《いわ》く、老葛藤《ろうかっとう》を斫断《しゃくだん》し、狐窠窟《こかくつ》を打破《だは》す。豹《ひょう》は霧《きり》を披《ひ》して文《もん》を変《へん》じ、龍《りゅう》は雷《らい》に乗《じょう》じて骨《ほね》を換《か》う。咄《とつ》。起滅紛紛《きめつふんぷん》是《こ》れ何物《なにもの》ぞ。

鉄を金に、凡《ぼん》を聖に、変えていこう

五月末に開いた野良着茶会の本席の床に、沢木興道《こうどう》老師が四十代に書かれた「自性霊《じしょうれい》明《みょう》」の一幅を掛けて、次のような話をした。

「自性」というのは「自性清浄心《しょうじょうしん》」などと熟語し、私達《たち》の生命そのもの、仏性《ぶっしょう》とか真《しん》如《にょ》という言葉におきかえてもよい本心、本性そのものは、いついかなるときも玲瓏《れいろう》として汚れないものなんだ、というのである。

たとえば悪の限りを重ねて来た人が、その故に生命そのもの、本性そのものまでも汚れきってしまい、変えようがないとすれば、遂《つい》に救いの道はないことになる。悪業の限りを重ねてきても、ひとたびその悪に気づき、懺悔《さんげ》して立ちなおれば、仏さまも顔まけするほどの善《よ》いこともなしとげることができる、というのである。むしろ「すまなかった」という懺悔の思いが強いほど、逆に善への精進力も堅固なものになるというのである。

たとえば菊池寛の小説「恩讐《おんしゅう》の彼方《かなた》に」に登場する禅海《ぜんかい》という和尚は、武士の成れのはてで、山賊を生業として年月を送っていた。つまり多くの人の命も奪ったことになる。ある時、忽然《こつぜん》と悔いあらため、償いきれない自分の罪業への懺悔行として、九州・大分の耶馬溪の辺、往来に難渋している人々を救おうと、ノミ一本でトンネル掘りに立ち向かう。人々はその無謀をあざけった。しかし禅海和尚はひたむきに自分の過去の罪業への懺悔の思いをノミに打ち込み打ち込み、三十年の歳月をかけて遂に貫通させたのである。

悪業を重ねることで、本性までも汚れきってしまうのなら、善へと立ち直ることはできない。いかに悪を重ねても生命そのもの、本性そのものは汚れないものなのだからこそ、そのことに気づきさえすれば、出なおし立ちなおることができるのだよ、駄目だとあきらめてはならないんだよ、駄目な人という色眼鏡をかけて人を見てもいけないんだよ、と説く。いかなる人の前にも救いの道が、光への門が大きく開かれているのである。

このことは逆に、どんなにすばらしい生き方をして来ても、あるいは修行を積んできても、〝魔がさす〟という言葉があるように、人殺しであろうと何であろうと、悪に転落する危険性をつねにはらんでいるから、気をゆるめず、今ここを慎しんで生きよ、という教えにもなる。

親鸞《しんらん》聖人の「さるべき業縁《ごうえん》のもよおさば、いかなる振る舞いもすべし」のお言葉は、そういう人間の心の深みを洞察された上での自誡《じかい》の言葉といえよう。

第四十三則「羅山起滅《らさんきめつ》」では、羅山が師の巌頭《がんとう》に「起滅不停《ふじょう》の時いかん」と質問したのに対し、巌頭が「お前は起滅しているものを何と受けとめているのか」と叱《しか》りとばしているという、一問一答の短い話が紹介されている。

「起滅不停」というのは、「とどまっていない」ということ、「変りづめに変っている」ということ、耳なれた言葉になおせば「無常」ということなのである。天地の姿、その中にあっての人の生命も、人の思いもすべて変わりづめに変わっている。生まれるのも、幼な児が育つのも、やがて老い、死んでゆくのも、愛が憎しみに転ずるのも、憎しみが愛に変るのも、努力すれば成績があがるのも、怠ければ落第するのも、無常だからである。

無常だからこそ悪の限りを重ねて来た人もすばらしい教えや人に出会うことで百八十度転換して聖人になることもできれば、聖人が一転して極悪非道の人間に落ちることもあるのである。

そこのところを「示衆《じしゅ》」では「還丹《げんたん》の一粒《いちりゅう》、鉄を点《てん》じて金となし、至理《しいり》の一言、凡を転じて聖と成す」と示されたのであろう。よき人や教えに出会うことで鉄を金に、凡を聖へと変えてゆく日々の歩みでありたい。

第四十五則　覚経四節

衆《しゅ》に示《しめ》して云《いわ》く、現成《げんじょう》の公案只現今《こうあんただげんこん》に拠《よ》る、本分《ほんぶん》の家風分外《かふうぶんげ》を図《はか》らず。若《も》し也《また》、強《し》いて節目《せつもく》を生《しょう》じ、枉《ま》げて工夫《くふう》を費《つい》やさば、尽《ことごと》く是《こ》れ混沌《こんとん》の為《ため》に眉《まゆ》を画《えが》き、鉢盂《はつう》に柄《へい》を安《あん》ずるなり、如何《いかん》が平穏《へいおん》を得去《えさ》らん。

挙《こ》す。円覚経《えんがくきょう》に云《いわ》く、一切時《さいじ》に居《こ》して妄念《もうねん》を起《おこ》さず、諸《もろもろ》の妄心《もうしん》に於《お》いて亦息滅《またそくめつ》せず、妄念《もうねん》の境《きょう》に住《じゅう》して了知《りょうち》を加《くわ》えず、了知《りょうち》無《な》きに於《お》いて真実《しんじつ》を弁《べん》ぜず。

頌《じゅ》に云《いわ》く、巍巍堂堂《ぎぎどうどう》、磊磊落落《らいらいらくらく》、閙処《にょうしょ》に頭《ず》を刺《さ》し、穏処《おんしょ》に脚《あし》を下《くだ》す、脚下線断《きゃくかせんた》えて我《われ》自由《じゆう》、鼻端泥尽《びたんでいつ》く君斲《きみけず》ることを休《や》めよ。動著《どうじゃく》すること莫《なか》れ、千年故紙中《ねんこしちゅう》の合薬《ごうやく》。

人間の分別への警鐘

阪神大震災のおり、尼僧堂の雲水達も交替で焚き出しのボランティアに参加した。その陣中見舞等も兼ねて、被災地を訪ねたときのこと。三月の初めであった。見わたす限り瓦礫の山の続く中に、何事もなかったかのようにあちこちにすっくと立っている木々たちが、春風を受けて梢に若やかな芽吹きを飾り、あるいはすがやかに梅の花を咲かせていた。

自分も被災したという運転手が、しみじみと語った。

「何千年という長い年月をかけて積みあげてきた人類の文化が、一瞬にして崩れ去りましたなあ。大地に根を下ろし、大自然の摂理のままに生きているものたちは強いですなあ」

熱い夏のある日、タクシーに乗った。運転手が語りかけてきた。「今、グッタリしてしまった赤ん坊をつれた若いお母さんがとびこんできて、『運転手さん、ガンガン冷房を強くして下さい。この子が暑さで死にそうです！』というんですよ。幼児期に冷暖房完備の中で育つと、体温を調整する必要がないから、汗腺が育たないんだそうです。昔から三つ児の魂百までというけれど、汗腺が育つのも三歳までなんだそうです。今、暑さ寒さに対応できない子供が増えているそうですが、文化なんてものは人間をどんどん柔弱にしてしまいますね。自然のままが一番いいようですね」と。

相田みつをさんの詩に、

人の為と書いて

ニセモノとよむんだね。

というのがある。「偽」という文字は「イ」ニンベンと「為」という字から構成されている。私はこれを「人為的になされたものは、すべてニセモノ」と読みたい。

天地からの授かりの姿で充分にととのっているものを、人間が余分な妄想をたくましくするために、かえって本来のいきいきとした働きを失ってしまっている。そこのところを、第四十五則「覚経四節《かくきょうしせつ》」の「示衆」では、「強《し》いて節目《せつもく》を生じ、まげて工夫《くふう》を費《ついや》す」ことにより、平穏でなくなると語りかけ、中国の古典『荘子』に出てくる混沌王《こんとんおう》の話を引用している。

倏《しゅく》と忽《こつ》という二人の王様が混沌王《こんとんおう》に手厚いもてなしを受けた。混沌王はノッペラボウで目も鼻もない。お礼に一つずつ穴をあけてあげましょうということになり、一日に一竅《いちきょう》（一穴）をほり、七日で、目二つ、耳二つ、鼻の穴二つ、口一つと七竅《しちきょう》をほり終ったら、混沌王は死んでしまった、という寓話である。

人間のさかしらな分別から無用なことをして、本来の働きを失うことを寓話として語ったもので、人間のものの考え方や文化のあり方を見直せとの語りかけとみてよい。

「示衆」でまずこのことを述べ、「本則」では『円覚経《えんがくきょう》』の中の四節を紹介している。その四節の中身は、坐禅中の心の処し方、同時に人生万般への心の処し方といってよい。

まずは「妄念《もうねん》をおこさざれ」とある。妄想というものは起こそうと思わなくても起きてくるものである。坐禅をしていても鳥の声も隣家の子供の泣き声も聞こえてくる。台所の料理の匂いも鼻はつかまえるし、何年も前のことをふと思い出したりもする。

沢木興道老師は「無念無想というたって、植物人間になれというのではない。気絶せよというのではない。追うな追うな」とおっしゃっている。聞こえてきたこと、思い出したことをそのままにしておく。ちょうど鏡がただものを写しているように。それを追いかけたり、つかまえたり、育てたりする。それを妄想と呼ぶ、と。

第二番目は「諸《もろもろ》の妄心において息滅《そくめつ》せず」、つまり「妄想を起こしてはならない」と思うも妄想。妄想と妄想をたたかわせるな、というのである。

あとの二つは、人間の分別や認識をかざして、妄想を嫌ったり、真実を求めたりするな、どうせ中途半端なんだから、というのである。

しかしながら、この四つの言葉のすべてに万松老人が「不」—いな—という否定の著語をつけておられることを見落してはならない。妄想も野ばなしにしてはならないし、やはり真実も求め、求めてみなければ、求めるものではなかった、始めから授かっている働きに気づくだけのことであった、ということはわからないんだよ、という教えが裏打ちとなっていることを、著語の形で示していると受けとめたい。

第四十六則　徳山学畢

衆《しゅ》に示《しめ》して云《いわ》く、万里寸草《ばんりすんそう》無《な》きも浄地《じょうち》人《ひと》を迷《まよ》わす、八方片雲《ぽうへんうん》無《な》きも晴空《せいくう》汝《なんじ》を賺《すか》す。是《こ》れ楔《けつ》を以《もっ》て楔《けつ》を去《さ》ると雖《いえど》も、空《くう》を拈《ねん》じて空《くう》を拄《ささ》うる事《こと》を妨《さまた》げず。脳後《のうご》の一槌別《ついべつ》に方便《ほうべん》を見《み》よ。

挙《こ》す。徳山円明大師《とくさんえんみょうだいし》、衆《しゅ》に示《しめ》して云《いわ》く、及尽《ぎゅうじん》し去《さ》るや、直《じき》に得《え》たり三世《ぜ》諸仏口壁上《しょぶつくちへきじょう》に掛《か》くることを、猶《な》お一人有《にんあ》って呵呵大笑《かかたいしょう》す、若《も》し此《こ》の人《ひと》を識《し》らば参学《さんがく》の事畢《じおわ》んぬ。

頌《じゅ》に云《いわ》く、收《しゅう》。襟喉《きんこう》を把断《はだん》す。風磨《かぜま》し雲拭《くもぬぐ》い、水冷《みずひややか》に天秋《てんあき》なり、錦鱗《きんりん》謂《い》うこと莫《な》かれ滋《じ》味《み》無《な》しと、釣《つ》り尽《つく》す滄浪《そうろう》の月《つき》一鈎《こう》。

修行も悟りも打ち忘れ子等と遊ぶ

うぬぼれは
木の上から
ポタンと落ちた
落ちたうぬぼれは
いつの間にか
また　木の上に
登っている。

榎本　栄一

人間の救いようのないうぬぼれの心を、深く掘りさげ、目の前につきつけられたような思いのする詩である。仏教の深層心理学ともいえる『唯識《ゆいしき》』の泰斗であられた太田久紀先生が、あるとき「慢《まん》（おごり）の心所《しんじょ》のやっかいなのは、慢心を克服したと思う瞬間、慢心を克服したという慢心が起きる」と語られた言葉が、今も深く心に残っている。

第四十六則「徳山学畢《とくさんがくひつ》」の「示衆」に、「楔《けつ》を以って楔《けつ》を去る」という一句が出てくる。丸太や長い木を割るときに使うものに楔《くさび》がある。木の端に楔を打ちこみ、割れた隙間に別の楔を打ちこみ、前の楔を抜く。迷いという、我執という楔を抜くために一切皆空という楔を打ちこむことにより、迷いとか我執という楔は抜けるが、空とか悟りという楔が残る。太田先生のおっしゃる「慢心を克服したという慢心が起きる」ように。

「本則」に登場する徳山《とくさん》は、周金剛《しゅうこんごう》と呼ばれた徳山宣鑑《とくさんせんかん》のことではなく、雲門《うんもん》の法嗣《はっす》の徳山縁密《えんみつ》のことである。この徳山がある時、修行僧達に向かって、「究め尽くした境涯というものは、たとえ三世諸仏といえども一言半句も語ることはできないものだ」といい、しかもそこを脱けきって呵々大笑している奴がいる。そういう人を識る、つまりは「究め尽くした境涯をも笑いとばすことができるような境涯になったとき、修行は終えたといえるのだ」と示された。

中国、宋代の廓庵《かくあん》和尚の示された十牛図に順じて、徳山の言わんとするところを考えて

みよう。十牛図は人生修行を十段階の牛飼いに譬えたものである。禅の語録に牛が出てきたら「悟り」とか「仏性」とか、「もう一人の私」を意味するものと考えたらよい。

まず旅立ちの「尋牛《じんぎゅう》」から始まり、「見跡《けんせき》」「見牛《けんぎゅう》」と進む。「見」とは認識の上で「気づく」という段階と受けとめたらよいであろう。第四、第五が「得牛《とくぎゅう》」「牧牛《ぼくぎゅう》」で、頭でわかるということと、実践できるということとの間には大きなへだたりがある。何とも思わなくても実践できるようになるまでの長い修行の段階が、この「得牛」「牧牛」の段階である。

かくて、山登りならば頂上に達した。ここまでの段階を、迷いという楔を、空という楔で抜きつづける段階といえよう。頂上に住着していたら空の楔の跡を残したままといえる。そこから里へおりてくる。第六の「騎牛帰家《きぎゅうきか》」、そして「忘牛存人《ぼうぎゅうそんにん》」「人牛倶忘《にんぎゅうぐぼう》」とすすむ。悟りの境涯も忘れ去り、洗い去る段階であり、最後の「入鄽垂手《にってんすいしゅ》」はまさに呵々大笑して童子と遊ぶ布袋さまの姿が描かれている。

修行したことも悟ったことも捨てはてて、忘れはてて、満面に笑みをたたえ、人々の中に入り、子等と遊び、病む人に涙する。そこまでいって初めて修行を終えることができたというのである。

この第十図にそえられた廓庵和尚の頌に、

胸を露《あら》わにし足を跣《はだし》にして鄽《まち》に入り来る
土を抹《まっ》し灰を塗って笑い顋《あぎと》に満つ
神仙真秘《しんせんしんぴ》の訣《けつ》を用いず
直ちに枯木をして花を放って開かしむ

とある。灰だらけ、泥だらけになり、皆と全く一つ姿になり、顔中に笑みをたたえた、その姿を見ただけで、人々は心が安らかになり、心萎《な》えた人は生きる力をいただく、というのである。日本の昔ばなしの枯木に花を咲かせた「花咲かじいさん」の物語の心はこれであったな、と気づいたことであった。

第四十七則　趙州柏樹

衆《しゅ》に示《しめ》して云《いわ》く、庭前《ていぜん》の柏樹《はくじゅ》、竿上《かんじょう》の風幡《ふうばん》、一華無辺《けむへん》の春《はる》を説《と》くが如《ごと》く、一滴大海《てきだいかい》の水《みず》を説《と》くが如《ごと》し。間生《かんしょう》の古仏《こぶつ》迥《はるか》に常流《じょうる》を出《い》ず、言思《ごんし》に落《お》ちず若為《いかん》が話会《わえ》せん。

挙《こ》す。僧《そう》、趙州《じょうしゅう》に問《と》う、如何《いか》なるか是《こ》れ祖師西来意《そしせいらいい》。州云《しゅういわ》く、庭《てい》前《ぜん》の柏樹子《はくじゅし》。

頌《じゅ》に云《いわ》く、岸眉雪《がんびゆき》を横《よこた》え、河目秋《かもくあき》を含《ふく》む。海口浪《かいくなみ》を鼓《こ》し、航舌流《こうぜつながれ》に駕《が》す。撥乱《はつらん》の手《て》、太平《たいへい》の籌《ちゅう》。老趙州老趙州《ろうじょうしゅうろうじょうしゅう》、叢林《そうりん》を攪攪《こうこう》して卒《つい》に未《いま》だ休《きゅう》せず。徒《いたず》らに工夫《くふう》を費《ついや》して車《くるま》を造《つく》って轍《てつ》に合《がっ》す、本伎倆《もとぎりょう》無《の》うして壑《たに》に塞《ふさが》り溝《みぞ》に塡《み》つ。

一葉落ちて天下の秋を知る

いつまでも続いた残暑もようやく去り、一気に「一葉落知天下秋」―一葉落ちて天下の秋を知る―の感慨を深める朝夕となった。この言葉は中国・前漢時代、紀元前二世紀中頃《なかごろ》に出来た百科全書的な書物『淮南子《えなんじ》』に出てくる言葉とのことである。日本人の耳に親しい「桐一葉落ちて天下の秋を知る」の「桐《きり》」の一字は、いつ誰によって付けられたものか。坪内逍遥作に、豊臣氏没落前の情景を脚色した「桐一葉」と題する史劇があるが。ハラリと紅葉か、または枯れ葉が落ちることを通して、天地いっぱいにやって来た秋を知るというのである。

国立公園の父と呼ばれているジョン・ミューアは、シエラネバダの山中を六年も放浪し、その体験から「水があるから木が生える」のではなく「木があるから水がある」の考えに至ったという。そして「たった一輪のスミレのために地球がまわり、風が吹き、雨が降る」と語っている。

私一人を生かすために微生物たちが大地を清掃し、私一人のために植物が、微生物の調えてくれた大地に育ち、私一人のためにその植物や、その植物を食べて育った動物たちが生命を提供してくれる。

これら生命あるものたちが地球上に安らかに生きてゆくために、地球と太陽が一億五千万キロという距離のバランスを保ち続けてくれ、そのバランスの背景には、太陽系惑星相互の引力のバランスがあり、更《さら》に、太陽系惑星相互の引力のバランスの背景には、宇宙空間に広がる他の銀河系惑星群との引力のバランスがあるという。また、地球が一日二十四時間で一回転できるようになったのは、地球から月という衛星が生まれたお陰《かげ》であり、もし月の引力の働きかけがなかったら地球は一日六時間で回転し、その速さでは人も動物も存在しえないという。

つまり、私一人を生かすために地球上のあらゆる動植物が存在し、私一人のために地球も月も、そして太陽から太陽系惑星、さらには銀河系惑星群のすべてがめぐっている、というのである。気づく気づかないにかかわらず、生命を授かったその最初から、いや、生

71　第四十七則　趙州柏樹

命をいただくそのことすら、宇宙総力をあげてのお働きをいただいて、初めて可能なことなのである。この働きを仏教の世界では「仏性《ぶっしょう》」と呼ぶ。

沢木興道老師が「皮のつっぱりの中だけで生きているのではない。全体（宇宙全体）で生きている」といわれたのもそれである。全体で生きている、いや全体によって生かされていることは、人間ばかりではなく、ジョン・ミューアの語るようにスミレ一輪から猫一匹に至るまで、一切のものがもれなく、しかも等しく、宇宙全体よりの壮大な働きかけによって生かされているのである。その生命の尊さに目ざめよ、の呼びかけが、釈尊の「天上天下唯我独尊《てんじょうてんげゆいがどくそん》」のお言葉でもあるのである。

第四十七則「趙州柏樹《じょうしゅうはくじゅ》」の「示衆《じしゅ》」では「一華無辺《いっけむへん》の春を説くが如《ごと》く、一滴《いってき》大海の水を説くが如し」の言葉が先《ま》ず出てくる。ジョン・ミューアの言葉を借りていうならば、一輪のスミレの咲くのを見ることによって春の訪れを知り、また天地にみなぎる春の働きを感得する、というのである。また、一滴の水の味を知ることによって、大海全体の味や働きを知るというのである。

つまり天地いっぱいの春の働きが一輪のスミレを咲かせ、また天地いっぱいの秋の働きが一葉の紅葉を散らせ、天地いっぱいの働きが私をして今筆を走らせている、というのである。そこを趙州は「仏法の真意は？」と質問してきた僧に対し「庭前《ていぜん》の柏樹子《はくじゅし》」―庭に生えている柏樹だよ―と答えた。

要するに、何でもよいのである。桜であろうが芙蓉《ふよう》であろうが、紅葉であろうが、すべてが天地いっぱいの働き、つまり仏性の現成《げんじょう》したものであるから、手あたり次第とりあげ示せばよいのである。

第四十八則　摩経不二

衆《しゅ》に示《しめ》して云《いわ》く、妙用無方《みょうゆうむほう》なるも手《て》を下《くだ》し得《え》ざる処《ところ》あり、弁才無礙《べんざいむげ》なるも口《くち》を開《ひら》き得《え》ざる時《とき》あり。龍牙《りゅうげ》は無手《むしゅ》の人《ひと》の拳《けん》を行《おこな》うが如《ごと》く、夾山《かっさん》は無舌人《むぜつにん》をして解語《げご》せしむ。半路《はんろ》に身《み》を抽《ぬき》んずる底《てい》是《こ》れ甚麼人《なんびと》ぞ。

挙《こ》す。維摩詰《ゆいまきつ》、文殊師利《もんじゅしり》に問《と》う、何等《なんら》か是《こ》れ菩薩入不二《ぼさつにっぷに》の法門《ほうもん》。文殊師利《もんじゅしり》曰《いわ》く、我意《わがい》の如《ごと》くんば一切法《さいほう》に於《おい》て無言無説《むごんむぜつ》、無示無識《むじむしき》にして諸《もろもろ》の問答《もんどう》を離《はな》る、是《こ》れを入不二《にっぷに》の法門《ほうもん》となす。是《ここ》に於《おい》て、文殊師利《もんじゅしり》維摩詰《ゆいまきつ》に問《と》うて言《いわ》く、我《わ》れ等各自《らかくじ》に説《と》き已《おわ》る、仁者当《にんしゃまさ》に説《と》くべし、何等《なんら》か是《こ》れ菩薩入不二《ぼさつにっぷに》の法門《ほうもん》。維摩黙然《ゆいまもくねん》。

頌《じゅ》に云《いわ》く、曼殊疾《まんじゅしつ》を問《と》う老毗耶《ろうびゃ》、不二門開《ふにもんひら》いて作家《さっけ》を看《み》る、珉表粋中《みんぴょうすいちゅう》誰《たれ》か賞鑑《しょうかん》せん、忘前失後《ぼうぜんしつご》咨嗟《しさ》すること莫《なか》れ、区区《くく》として璞《たま》を投《とう》ず楚庭《そてい》の臏士《ひんし》、璨璨《さんさん》として珠《たま》を報《ほう》ず隋城《ずいじょう》の断蛇《だんじゃ》、点破《てんぱ》することを休《やめ》よ、玼瑕《しか》を絶《ぜっ》す、俗気《ぞくき》渾《す》べて無《の》うして却《かえ》って些《さ》に当《あた》れり。

聖徳太子が手本とされた維摩居士

ヒマラヤ山脈を水源とし、インド平野をうるおしてベンガル湾に注ぐ全長二千五百キロのガンジス河は、ヒンズー教徒の崇拝の対象でもあり、流域には聖地も多い。そのガンジス河の北にヴァッジという国があり、釈尊時代より共和政治を行っていた。商業都市で自由主義的な物の考え方を持っており、指導者は選挙によって選ばれ、合議制によって国事を決定していた。

そのヴァッジ国の首都ヴァイシャーリーに維摩居士《ゆいまこじ》と呼ばれる長者がいた。大富豪であると同時に政治的な指導者でもあり、また仏教の教理にも深く精通し、日常生活の中に仏教を実践し、民衆をも教化していたので居士と敬称されていた。

この維摩居士を立役者として、多くの戒律や煩瑣《はんさ》な教学にしばられて、生き生きとした働きを失っている当時の仏教教団のあり方を手きびしく批判するという在り方で、『維摩経』は展開する。固定化した仏教に対する反動として、民衆のあいだからあらわれた新しい宗教運動で、大乗仏教と呼ばれるものがそれである。『維摩経』はその大乗の理想とするところを説く代表的経典として、西暦一―二世紀頃《ころ》に成立し、今日に至るまで珍重されてきた。

日本に仏教が伝来したのはおよそ千五百年前。推古天皇の摂政の宮であった聖徳太子は篤《あつ》く仏法に帰依し、在俗の生活の中にあって、政治や社会や家庭生活にどう仏法を生かすかのお手本を、『法華経《ほけきょう》』と『維摩経』と『勝鬘経《しょうまんぎょう》』に求められ、『三経義疏《さんぎょうぎしょ》』を著された。教えの中心を『法華経』に求め、その実践の手本として太子自身のためには維摩居士の在り方を、女帝である推古天皇のためには勝鬘夫人のことを記した『勝鬘経』を講述されたのである。

大乗経典はいずれもドラマであるように、この『維摩経』も一つの壮大なドラマであることに変わりはない。

維摩居士が病気になった。その病気も「衆生病《しゅじょうや》むが故に我病《われや》む」という病であり、たとえば〝わが子が病めば父母も病むであろう〟と、菩薩《ぼさつ》の同悲《どうひ》（相手の悲しみをわが悲しみと受けとめる）の願行《がんぎょう》としての病である。

そこで釈尊が大弟子たちに、釈尊の名代として維摩の病気見舞いに行くように命ぜられるが、誰も尻ごみして行き手がない。智慧《ちえ》第一といわれる舎利弗を初め、多くの弟子たちのいずれもが、曽《か》つて維摩居士にやりこめられているから。

最後、文殊《もんじゅ》菩薩が釈尊に代わって見舞いに行くことになった。文殊菩薩と維摩居士との会見、どんな会話が交わされるかと大勢がついてゆき、その数は三千人にものぼったという。その三千人が維摩の方丈の間に皆入ってしまったというからおもしろい。

今日、寺の住職を方丈さまと呼ぶのは、この一丈四方（四畳半）の部屋に住んでおられる方という意味で、直接に名前を呼ぶのを遠慮し部屋名で呼んだものであり、その方丈の始まりは、遠くインドの維摩の方丈に始まると伝えられている。

その維摩の方丈の間で展開されたのが、「菩薩入不二《にっぷに》の法門《ほうもん》」についてであり第四十八則「摩経不二」の話も、これを題材としたものである。

不二というのは二でない、といっても二つがごっちゃになっているというのではない。また二つの中間というのでもない。対立を越えて一つになっている。「一にあらず、二にあらず」と同時に「一でもあり二でもある」という在り方をいう。

水と、水の変化したものである雲や雪や氷とのかかわり、または春と、春の顔としての梅や桜やすみれとのかかわりにたとえることができよう。天地いっぱいの働きとしての仏性と、その具体的姿として現成している一切の存在とのかかわりを示す言葉と受けとめたらよいであろう。

「維摩の一黙、雷の如し」沈黙の声を聞け

文殊菩薩《もんじゅぼさつ》と維摩居士《ゆいまこじ》が不二《ふに》の法門《ほうもん》について語りあっているところへ天女があらわれ、美しい花を散らした。散花《さんげ》である。菩薩方のところへ散った花ははらはらと地に落ちたが、舎利弗《しゃりほつ》のところへ散った花はペタペタとくっついて落ちない。舎利弗がどんなにはらい落

とそうとしても落ちない。その時、天女が質《たず》ねた。「どうして花をはらい落とそうとするのですか」と。舎利弗は答えた。「この花不如法《ふにょほう》なり。よってこれを去る」と。つまり花は仏の教えに背くことになるからだという。天女はいった。「花を不如法としてはならない。花は無心である。花を愛しいと思ったり、欲しいと思ったり、そういう心を起こしてはならないと思ったりする貴僧の分別の心こそ問題である。仏弟子として出家しながらも、そういう分別の心にふりまわされていることをこそ不如法というのである」と。舎利弗に対する天女の一言は大変な示唆を含んでいるといえよう。

あるとき、夫婦の間が冷えてしまった悩みの相談に来た人が、迷い子の猫の可愛《かわい》いのが私の膝《ひざ》で睡《ねむ》っていたのを、貰《もら》い受けて帰っていった。しばらくして「子猫のお陰《かげ》で夫婦の間に会話がもどり、仲好《よ》く暮らしております」という電話が入り、ホッとしたことであった。

老人ホームの慰問に犬や猫が喜ばれたり、大人ばかりの家庭に赤ん坊が授かることで一家に笑いや会話がよみがえったり、人間関係で疲れ果てた人が、草木や鳥たちとの語らいの中で、つまり大自然の中に身をゆだねることで癒やされるということは、何を意味しているといえようか。

善といい悪といい、損したといい得したといい、愛したといい憎んだといい、失敗したといい成功したといい、迷ったといい悟ったといい……。人間の分別はつねに相対の二つに分かれ、しかもそれは絶対に間違いないものとして信じ、ふりまわし、その判断のモノサシによって自他を、傷つけたり傷つけられたりして疲れ果てる。

人間の分別と無縁の世界で、天地の授かりの生命のままに無心に（無分別）素直に生きているものたちによって、分別に疲れ果てた人間が癒やされる。これは〝人間の分別は絶対ではないんだよ、一度その分別を全部捨てて、分別以前の原点にまでもどって見直しなさい〟と、無心なる大自然の草木や動物たちが語りかけているといえるのではなかろうか。『維摩経』の中で天女の言葉として語りかけているものは、人間の分別を人間の外から一度再点検せよと語りかけていると受けとめるべきであろう。

『維摩経』の最後のクライマックスは、維摩居士と文殊菩薩が不二の法門について語る場面で、その部分だけが「本則」にとりあげられている。文殊菩薩が維摩居士の問いに対し、「窮極《きゅうきょく》の真理は言葉でいいあらわすことも、認識することもできないものだ」と語り、最後に文殊菩薩が「今度は貴氏の番だ。貴氏の見解を聞かせて欲しい」というと、維摩居士は「黙然《もくねん》として言無し」、つまり何もしゃべらず、沈黙をもって答えとしたのである。これを「維摩の一黙、雷の如《ごと》し」といって古来よりやかましい一場面である。

西洋は言葉の文化であり、東洋は沈黙の文化であるといわれる。『従容録』第一則を飾る世尊の説法も無言であり、その後もしばしば無言の説法が登場する。絵画にしても洋画は空白の恐怖といって全部塗りつぶすのに対し、日本画、特に墨絵はいかに減筆して空白を多くするか、一筆で天地を象徴するかに苦心する。

カトリックの奥村一郎神父と「東洋の沈黙」について語った時、「音楽は無音を基調とするものであり、芭蕉の〝古池や蛙《かわず》とびこむ水の音〟の句は、蛙のとびこんだ水の音を吟じたのではなく、その水の音によって響き出す深い沈黙の声を聞けということだと思う」と語られた言葉が忘れられない。まさに「一黙、雷の如し」である。

第四十九則　洞山供真

衆《しゅ》に示《しめ》して云《いわ》く、描不成《びょうふじょう》、画不就《がふしゅう》、普化《ふけ》は便《すなわ》ち斤斗《きんと》を翻《ひるが》えし、龍牙《りゅうげ》は只半身《ただはんしん》を露《あら》わす。畢竟那《ひっきょうな》の人《ひと》ぞ、是《こ》れ何《なん》の体段《たいだん》ぞ。

挙《こ》す。洞山《とうざん》、雲巌《うんがん》の真《しん》を供養《くよう》するの次《つい》で、遂《つい》に前《さき》の真《しん》を邈《ばく》するの話《わ》を挙《こ》す。僧《そう》あり問《と》う、雲巌只這《うんがんただこ》れ是《こ》れという意旨如何《いしいかん》。山云《さんいわ》く、我当《われその》時《かみ》幾《ほとん》ど過《あやま》って先師《せんし》の意《い》を会《え》す。僧云《そういわ》く、未審《いぶか》し雲巌還《うんがんかえ》って有《あ》ることを知《し》るや也《ま》た無《な》しや。山云《さんいわ》く、若《も》し有《あ》ることを知《し》らずんば争《いか》でか恁麼《いんも》に道《い》うことを解《げ》せん、若《も》し有《あ》ることを知《し》らば争《いか》でか肯《あえ》て恁麼《いんも》に道《い》わん。

頌《じゅ》に云《いわ》く、争《いか》でか恁麼《いんも》に道《い》うことを解《げ》せん、五更雞《こうにわとり》唱《とな》う家林《かりん》の暁《あかつき》。争《いか》でか肯《あえ》て恁麼《いんも》に道《い》わん、千年《ねん》の鶴《つる》は雲松《うんしょう》と与《とも》に老《お》う。宝鑑澄明《ほうかんちょうめい》にして正偏《しょうへん》を験《けん》す、玉機転側《ぎょくきてんそく》して兼到《けんとう》を看《み》よ、門風大《もんぷうおお》いに振《ふる》って規歩綿綿《きほめんめん》たり、父子変通《ふしへんずう》して声光浩浩《しょうこうこうこう》たり。

花の声は眼で聞き、香は鼻で聞く

「先生、お花の活《い》け方を教えてください」とよくいわれる。私は答える。「花に聞きなさい。無心になって心の耳をすましていれば、〝私はどっちへ向きたい〟と花が教えてくれるから、それにただついていけば自然に調ってゆくものなのよ。花を単なる物と考え、私の思いを花によってみごとに表現してみせよう、などという自己主張や憍《おご》りの心があったら、花の声は聞こえないでしょうね」と。

曹洞宗中興の祖と仰がれ、曹洞宗の洞の字も、そのお名前に由《よ》るといわれる洞山良价《とうざんりょうかい》禅師（八〇七―八六九）が、師の雲巌《うんがん》さまに出会ったときの問答が「無情説法《むじょうせっぽう》の話」として伝えられている。

雲巌さまと数番のやりとりの後、一応の理解に達した洞山さまは「也太奇《やたいき》、也太奇、無情説法不思議、もし耳をもって聴かば終《つい》に会《え》し難《がた》し。眼処《げんしょ》に聞く時まさに知《さと》るべし」と語っている。「也太奇」というのは「すばらしい」という感歎詞《かんたんし》といってよかろう。「無情」というのは、山川草木などのいわゆる意識を持たないもの、それに対し人間や動物などの喜怒哀楽の心を持ったものを「有情《うじょう》」と呼んでいる。その無情の説法は、耳で聞くのではなく、目で聞けというのである。

私が「花の声を聞け」というのもそれである。花をじっと見つめていると、花の声が聞こえてくるのである。

日本の文化はおもしろい。お香は「聞く」といい、味は「見る」と表現する。日本の伝統文化の一つに香道がある。香は「嗅《か》ぐ」といわずに「聞く」と表現する。耳で聞くのではなく鼻で聞くのである。料理のとき「味を見る」という。眼で見るのではなく舌で見るのである。同様に花の声は目で聞くのである。つまりは全身心をあげて聞き、見、味わうのであるが。

十二月八日、釈尊は東天に輝く明けの明星を見て、天地悠久の真理にめざめられた。命がけの長い御修行の末一見明《いっけんみょう》星《じょう》が一つの契機となって、積年の暗雲が晴れたのである。

「赤壁《せきへき》の賦《ふ》」で有名な中国、宋の蘇東坡《そとうば》はある時景勝の地廬山《ろざん》を訪ね、山や渓流の説法を聞いて道を悟ることができ、参禅の師の常総《じょうそう》禅師に「溪声《けいせい》は即《すなわ》ち是《こ》れ広長舌《こうちょうぜつ》、山色《さんしょく》清浄《しょう》身《じょうしん》に非ざること無し。云々《うんぬん》」の偈《げ》を呈している。つまり「溪の流れは弁舌さわやかに、山や草木は清浄な姿で、天地の道理を語ってくれている」というのであり、道元禅師の「峰の色　谷のひびきもみなながら　わが釈迦牟尼《しゃかむに》の声と姿と」のお歌の原点もここにある。

考えてみるに、人類の文化は無情の説法を有情がどう聞いてきたかの歩みといえよう。宇宙物理学は宇宙の声をどう聞いたかということであろうし、自然科学は大自然の、草木国土の声をどう聞き得たかということであり、医学の世界は、六十兆の細胞から成るというこの体の語りかける声をどう聞き得たかということであろう。

更《さら》には無情の説法を無情が聞くということもあり得よう。琴の名人の宮城道雄さんは、あるとき新調の琴を試みに弾じたあと、「この琴の台になっている桐《きり》は、お寺の境内で育ったものに違いない」と語られ、調べたら間違いなく寺の境内で育ったものであったという。朝夕に梵鐘《ぼんしょう》の音色や読経の声を聞いて育った木は違った育ち方をするというのである。桐という無情が、梵鐘という無情の声、さらには読経という有情の声を聞いていた証拠といえよう。またこの桐の声を聞き得た宮城道雄さんの耳もさすがと思うことである。

この「無情説法」の教えを通して弟子となった洞山さまが、師の雲巌さまの肖像画を飾って御供養をしようとしたときの、弟子達との間に交わされた問答が第四十九則の「洞山供真」の話である。

私という姿で仏の生命を戴《いただ》く

師の雲巌《うんがん》さまの遷化《せんげ》（臨終）の近いことを予知した洞山《とうざん》さまは、ある日雲巌さまにお質《たず》ねした。

「お師匠さまがお亡くなりになったのち、誰かに『先師の肖像を画《えが》けるか―どういうお方であったか―』ときかれたら、どう答えたものでしょうか」と。雲巌さまは「ただ這箇《これ》是《これ》」と答えられたが、その時洞山さまは師の言葉を理解することができなかった。

師の遷化の後、三年ほどして潙山への行脚の途中、河を渡ろうとして、河の水面にうつる自分の姿を見てハッと会得することがあった。つまり師の雲巌さまの示された「ただ這箇是」がわかったのである。そこでできたのが有名な「過水偈《かすいのげ》」として伝えられている。

切《せつ》に忌《い》む　他に従って覓《もと》むることを。

（決して外に向かって求めてはならぬ）

迢《しょう》々《しょう》として我と疎《そ》なり。

（はるかに自己と疎遠になるから）

我今独り自ら往く

処々　渠《かれ》に逢《あ》うことを得たり。

（わたしは今ひとりで行くが、行く先々で渠に逢うことができる）

渠今まさに是れ我、我今是れ渠にあらず。

（渠は今まさにこの私なのだが、私が今渠だというのではない）

恁麼《いんも》に会《え》してはじめて如々《にょにょ》に契《かな》うことを得たり。（五言詩）

（確かにこのように会得すれば、かならず天地の道理に契うことができる）

最初の二句は「永遠なるもの、真実なるものを他に、または遠くに求めてはならない。私自身の、しかも今ここの足もとをおいて他にないのだから」というのである。

次に問題は「渠」と「我」とはいったい何かということである。漢詩の音韻の都合で「彼」と書かずに「渠」の文字を使ったものであろうが、意味は「彼」と同じで、永遠なるもの、うつろわぬもの、真実なるものを指す。なじみのある言葉におきかえるならば、神とか仏、真如とか仏性とか、お宗派によっては「おはたらきさま」などと呼びかけているものと考えたらよい。柳宗悦さんが、「仏トナ、名ナキモノノ御名ナルニ」といっておられるように、名もなく限定された姿も持たない、つまり無限定であればこそ、いつでもどこでもという形で遍在している御生命《いのち》、御働きを名づけて仏と呼び、または仏性と呼び、ここでは「渠」と呼びかけているのである。

「渠今まさに是れ我」というのは、その無限の仏の御生命、御働きをいただいて、具体的な今の私の生命がある、というのである。同じ御生命、御働きをいただいて、あなたも、動物も植物もあらしめられているのだ、というのである。

「我今是れ渠にあらず」というのは、私の生命も働きもすべて仏の御生命、御働きに帰するものであるけれど仏の側から見れば、私も含めて地上の一切のものをも漏れなく包みこんでいる存在であるから、私イコール渠というのではないというのである。

たとえば「春を描け」といわれても、春にきまった姿がないから描くことはできない。梅を描くことで春を描くことはできよう。しかし春の姿は梅が咲くということだけではない。桜もスミレもタンポポも、天地いっぱいの一切の上に等しく春の働きがおどり出すわけだから。〝我も渠（仏）の生命、働きをいただいた一つの姿〟といいかえれば理解しやすいかもしれない。

洞山さまは河の水面にうつった自分の影を通して、無限者に、仏性に、仏の御働きに出会ったのである。「雲巌さまが『ただ這箇是』とおっしゃったのはまさにこれであった」と気づかれたのである。

第五十則　雪峰甚麼

衆《しゅ》に示《しめ》して云《いわ》く、末後《まつご》の一句始《はじめ》て牢関《ろうかん》に到《いた》る。巌頭自負《がんとうじふ》して上親師《かみしんし》を肯《うけが》わず、下法弟《しもほうてい》に譲《ゆず》らず、為復是《はたまたこ》れ強《し》いて節目《せつもく》を生《しょう》ずるや。為復別《はたまたべつ》に機関《きかん》ありや。

挙《こ》す。雪峰住庵《せっぽうじゅうあん》の時《とき》、両僧《りょうそう》あり、来《きた》って礼拝《らいはい》す。峰《ほう》、来《きた》るを見《み》て、手《て》を以《も》って庵門《あんもん》を托《たく》して、放身《ほうしん》して出《い》でて云《いわ》く、是《こ》れ甚麼《なん》ぞ。僧亦云《そうまたいわ》く、是《こ》れ甚麼《なん》ぞ。峰《ほう》、低頭《ていず》して庵《あん》に帰《かえ》る。僧《そう》、後《のち》に巌頭《がんとう》に到《いた》る。頭問《とうと》う、甚麼《いずれ》の処《ところ》より来《きた》るや。僧云《そういわ》く、嶺南《れいなん》。頭云《とういわ》く、曽《かつ》て雪峰《せっぽう》に到《いた》るや。僧云《そういわ》く、曽《かつ》て到《いた》る。頭云《とういわ》く、何《なん》の言句《ごんく》かありし。僧《そう》、前話《ぜんわ》を挙《こ》す。頭《とう》云《いわ》く、他《た》は甚麼《なん》とか道《い》いし。僧云《そういわ》く、他《た》、語《ご》無《の》うして、低頭《ていず》して庵《あん》に帰《かえ》る。頭云《とういわ》く、噫《ああ》、当時《そのかみ》、他《た》に向《むか》って末後《まつご》の句《く》を道《い》わざりき、若《も》し伊《かれ》に向《むか》って道《い》わば、天下《てんか》の人《ひと》、雪老《せつろう》を奈何《いかん》ともせじ。僧《そう》、夏末《げまつ》に到《いた》って再《ふたた》び前話《ぜんわ》を挙《こ》して請益《しんえき》す。頭云《とういわ》く、何《なん》ぞ早《はや》く問《と》わざる。僧云《そういわ》く、未《いま》だ敢《あえ》て容易《ようい》にせず。頭云《とういわ》く、雪峰我《せっぽうわれ》と同条《どうじょう》に生《しょう》ずと雖《いえど》も、我《われ》と同条《どうじょう》に死《し》せず、末後《まつご》の句《く》を知《し》らんと要《よう》せば、只這《ただこ》れ是《こ》れ。

頌《じゅ》に云《いわ》く、切瑳《せっさ》し琢磨《たくま》し、変態《へんたい》し殽訛《こうか》す。葛陂化龍《かっぴけりゅう》の杖《つえ》、陶家居蟄《とうかきょちつ》の梭《おさ》。同条《どうじょう》に生《しょう》ずるは数《すう》あり、同条《どうじょう》に死《し》するは多無《たな》し。末後《まつご》の一句《く》只這《ただこ》れ是《こ》れ、風舟月《ふうしゅうつき》を載《の》せて秋水《しゅうすい》に浮《うか》ぶ。

生死巌頭に立たねば気づけない

三河の山奥の寺で授戒があり、説教師というお役をいただき、一週間程をそこで過ごした。その寺は山田無文老師ゆかりの寺で、書院の床には老師の書が掛かっていた。美しい渓谷に面した宿をいただき、朝夕送り迎えをして下さった方から無文老師の話を聞いた。

この寺より更に山奥へ入った武節というところで無文老師は生まれた。父親は息子を裁判官か弁護士にしたかったようだが、早稲田の中学部在学中、「人生の目的とは何か」ということに迷い出し、勉強も手につかず、ありとあらゆる宗教者を尋ね歩き、とうとう親の反対を押しきって坊さんになってしまった。

けれど無理がたたって結核となり、どこの病院からも見はなされて故郷に帰る。一人、離れの建物に隔離され、使用人も三度の食事をそうっとさし入れると、あわてて帰ってゆく。そんな中で「みんなわしの死ぬのを待ってるのやな。わしはもう死ぬだけやな」と絶望のどん底にあえいでいた。

初夏のある日、縁側まではい出して坐っていた。深い緑の木々の間を渡ってきた風が、空気が、スウッと胸に入ってきて、とても気持ちがよかった。その瞬間〝空気は私を見捨てなかった。新しい空気が私のこの腐った胸の中へ入って、生かそうとしてくれている。私は一人じゃなかった。オギャーと生まれてから二十歳過ぎまで、朝から晩まで、晩から朝まで、一秒間も休まずこのわたしを守りつづけ、育てつづけてくれていたじゃないか〟。そう気がついたとき、泣けて泣けて泣けて、

大いなるものに抱かれあることを
けさ吹く風の涼しさに知る

の歌が、そのときできたという。

生きているのではない。限りない大きな力によって生かされている生命であったということに気づいた無文老師。フツフツと生きる勇気が湧いてくると同時に食欲も出、とうとう九十余歳までも生き、花園大学の学長から妙心寺管長までも勤められた。

老師にまつわるこの話を、私は深い感動の中に聞いた。

第五十則「雪峰甚麼《せっぽうなんぞ》」の「示衆」の冒頭に「末後の一句、始めて牢関《ろうかん》に到る」の一句が出てくる。末後とは、最後、最窮極、ぎりぎりの一句ということであり、牢関は「堅牢にして容易に打ち破って透過することができない関門」という意味を持っている。

末後の一句、ぎりぎりのところの一句に出会うことで、はじめて牢関を越えることができる、というのである。禅門では師家が知的に逃げ場なしに修行僧を追いこんでゆくとい

う手段をとる。山田無文老師のように、逃げ場なしの大病にとりつかれ、生死巌頭に立たされることにより、大いなるものによって生かされている生命に気づき、牢関を透過するという道もある。

「本則」では、雪峰が嶺南に庵を結んでいるところへ、二人の雲水が尋ねてきた。二人の姿を見るや否や、雪峰の方からとび出してゆき、門を開け放ち、「是《こ》れ甚麼《なん》ぞ」と叫び、面くらった雲水たちが鸚鵡《おうむ》返しに「是れ甚麼《なん》ぞ」というのを聞いて、雪峰は頭を下げて庵に帰った、という話が紹介されている。この「是れ甚麼ぞ」の一句がまさに末後の一句、透関の一句を指すものといえよう。

六祖慧能《えのう》の言葉に「不思善不思悪《ふしぜんふしあく》是れ甚麼ぞ」というのがあり、この六祖に参じた南嶽《なんがく》懐譲《えじょう》が、六祖から「什麼物《なにもの》か恁麼《いんも》に来たる」、つまり「お前はなにものじゃ、どこから来たんじゃ」と問われ、答えることができず八年間の修行の後、ようやく答えを得ることができた。末後の一句、透関の一句を得たといえよう。その一句が「説似一物即不中《せつじいちもつそくふちゅう》」であった。〝一物を説似するにすなわち当たらず〟、「無限の働きを持ったものであって、きまった姿は持っていない」ということであり、無限定の仏の御生命をいただいて、只今、懐譲という姿をとっている、と答えたといいかえることができるであろう。

「是れ甚麼ぞ」は疑問ではなく、無限定の天地いっぱいの仏の御生命、御働き、無文老師の言葉を借りれば〝空気が私を生かしつづけてくれていた〟ことを通して、〝大いなるものに抱かれ、生かされている〟自分に気づく。その働き、その生命を、「是れ甚麼ぞ」といい、あるいは「本則」の最後に雪峰の兄弟子である巌頭《がんとう》をして「ただ這《こ》れ是《こ》れ」と云わしめ、また六祖をして「恁麼」と呼ばしめているものである。

その大いなる生命、働きに、巌頭も雪峰も、そしてすべてのものが等しく生かされていることを、「同条《どうじょう》に生じ」「同条に死す」と宏智《わんし》さまは頌《じゅ》せられたのである。つまりは地上のすべてが一つ生命に生かされている兄弟・姉妹なんだというのである。

第五十一則　法眼舡陸

衆《しゅ》に示《しめ》して云《いわ》く、世法《せほう》の裏《うち》に多少《たしょう》の人《ひと》を悟却《ごきゃく》し、仏法《ぶっぽう》の裏《うち》に多少《たしょう》の人《ひと》を迷却《めいきゃく》す。忽然《こつねん》として打成《たじょう》一片《ぺん》ならば、還《かえ》って迷悟《めいご》を著得《じゃくとく》せんや也《ま》た無《な》しや。

挙《こ》す。法眼《ほうげん》、覚上座《かくじょうざ》に問《と》う、舡来《こうらい》か陸来《りくらい》か。覚云《かくいわ》く、舡来《こうらい》。眼云《げんいわ》く、舡《こう》は甚麼《いずれ》の処《ところ》にか在《あ》る。覚云《かくいわ》く、舡《こう》は河裏《かり》にあり。覚退《かくしりぞ》いて後《のち》、眼《げん》却《かえ》って傍僧《ぼうそう》に問《と》うて云《いわ》く、儞《なんじ》、道《い》え、適来《せきらい》の這《こ》の僧《そう》、眼《まなこ》を具《ぐ》せざるや。

頌《じゅ》に云《いわ》く、水《みず》、水《みず》を洗《あら》わず、金《きん》、金《きん》に博《か》えず。毛色《もうしき》に昧《くろ》うして馬《うま》を得《え》、糸絃《しげん》靡《の》うして琴《きん》を楽《たの》しむ。縄《じょう》を結《むす》び卦《か》を画《えが》いて這《こ》の事《じ》あり、喪尽《そうじん》す真淳盤古《しんじゅんばんこ》の心《しん》。

無垢な幼な児の笑みに照らされて

「やっとかめだなも、ミイチャン」

一人の白髪のおばあちゃんが、さもなつかしそうに講師控え室の廊下に坐った。七十年前、私が実家にいた頃、姉や兄と年齢が離れすぎて一人ぼっちの私の子守り役、遊び相手をして下さったお隣りのお姉ちゃんだったのである。講演先のお寺の近くへ嫁に来て、孫も何人かあるよし。

お隣りのお姉ちゃんから、池の蓮の実をとってもらい、食べたら生の栗のようにおいしかったこと。そのとき地平線に沈む夕陽に染められた雲が真赤だったことなどが、ありありと脳裏によみがえってきた。姉はそのときすでに女学校の裁縫の教師、兄は旧制高校在学中でそれぞれに勉強に忙しく、三歳や四歳の私の遊びの相手はしてくれない。でもその兄と姉が大好きで、側にいってはいたずらがしたくてしたくて。その度に母に叱られ、ときたま土蔵に入れられた。泣いている私を救い出しに来てくれたのはお祖母《ばあ》ちゃん。叱り役、救い出し役と、ちゃんと配役がきまっていたようである。そんな遠い日のことが、「やっとかめだなも」の一言で、七十年の歳月をとびこして次から次へとなつかしくよみがえってきた。

私の出家前の名前は、三鶴子《みづこ》。父は病気がちの生涯であったが、漢籍と書の世界に遊んでいたようで、四書五経の中の詩経から「三鶴《さんかく》」の物語を択び、この名をつけたよし。家族や友達は私をミイチャンと呼んでいた。

三好達治の詩に「わが名を呼びて」と題する次のような詩がある。

わが名を呼びてたまはれ
いとけなき日のよび名もて
　　わが名を呼びてたまはれ
あはれ　いまひとたび
わがいとけなき日の名を呼びてたまはれ

風の吹く日の　遠くより
　わが名を呼びてたまはれ
庭のかたへに茶の花のさきのこる日の
ちらちらと雪のふる日の遠くより
　わが名を呼びてたまはれ
呼びてたまはれ
　わが名を呼びてたまはれ

いとけなき日、私を呼んでくれた母の声、それはそのまま仏の呼び声であると同時に、いつの間にか大人になるにしたがい、垢づいてしまった私から私への呼び声でもある。

　幼な児が次第次第に知恵づきて
　　仏に遠くなるぞかなしき

という古歌があるが、年を経るほどに人間のさかしらなる分別の垢にまみれ、しばられ、ふりまわされ、かつての純真無垢なる姿を失ってしまう。人間のモノサシと無縁の世界を、大自然からの授かりの生命のままに悠々と生きている幼な児や、犬猫などの姿にハッとさせられたり、心がいやされたりすることを通して、人間の分別が絶対的なものでなかったことに気づかねばならないのではなかろうか。

幼ならの無垢なる笑みのまばゆさに
たじろぎつおのが姿かえりみる

平成十八年の勅題「笑み」によせて詠じた私の歌である。「笑い」さえも、へつらいの思いや、計算や、あなどりや、さまざまの思いが加わり、汚れてしまっている自分の姿を、幼な児の無垢なる笑みによって写し出されたのである。

ひとたび分別の藪の中へ迷いこんでしまった限り、分別の限りを尽くして分別の限界を知ることにより、分別を越え、その垢を洗い去るよりしようがない。

宗教の世界で師につく姿勢を「嬰児行《えいじぎょう》」と呼び、生まれたばかりの純真無垢な幼な児にかえり、師のおおせのままに従え、と示されるのも同じ心といえよう。

第五十一則「法眼紅陸《ほうげんこうりく》」の「本則」に登場する覚上座《かくじょうざ》の姿はまさに嬰児行そのものといえよう。とかく師家《しけ》と学人《がくにん》の間にかわされる一筋縄ではいかない商量になれた眼には、とまどいするほどの純真さである。

　後に法眼宗を開いた法眼文益のところへ覚上座がやってきた。「船できたのか、陸路できたのか」の法眼の質問に対し、覚上座はまっすぐ「船で来ました」と答える。「船はどこにあったかな」と重ねての問に対し、「ハイ、船は河にありました」……。〝そんなことは聞かんでもわかっているわい〟〝もっと気のきいた返事ができんかい〟といいたくなるような、一点の疑問のさしはさみようもない、三歳の幼な児でもできるこの答えの、何とまぶしいことか。

　子らと手まりをついたり、かくれんぼをする良寛さまの姿を思うことである。

「頌《じゅ》」の最後を宏智《わんし》さまは「縄を結び卦を書いて這《こ》の事あり、喪尽《そうじん》す真淳盤古《しんじゅんばんこ》の心」の二句で結んでおられる。中国では古代、縄を結んで文字にかえて伝言したという。やがて文字が発明され、八卦で占いなどをしたり、法律ができたり、法律ができるとその目を潜るものが出たり……。文化がすすみ、知恵がすすむほどに、真淳な珠玉のような姿が失われてゆくことを憂えたものである。

　いつ、いかなるとき、いかなることに対しても、常に原点にもどり、初《しょ》にかえって姿勢をたてなおしつづけながら歩め、の教えといただくべきであろう。

第五十二則　曹山法身

衆《しゅ》に示《しめ》して云《いわ》く、諸《もろもろ》の有智《うち》の者《もの》は譬喩《ひゆ》を以《もっ》て解《げ》することを得《う》、若《も》し、比《ひ》することを得《え》ず、類《るい》して斉《ひとし》うし難《がた》き処《ところ》に到《いた》らば如何《いかん》ぞ他《た》に説向《せっこう》せん。

挙《こ》す。曹山《そうざん》、徳尚座《とくしょうざ》に問《と》う、仏《ほとけ》の真法身《しんぽっしん》は猶《な》お虚空《こくう》の若《ごと》し、物《もの》に応《おう》じて形《かたち》を現《げん》ずることは水中《すいちゅう》の月《つき》の如《ごと》し、作麼生《そもさん》か箇《こ》の応《おう》ずる底《てい》の道《どう》理《り》を説《と》かん。徳云《とくいわ》く、驢《ろ》の井《い》を観《み》るが如《ごと》し。山云《さんいわ》く、道《い》うことは即《すなわ》ち大《はなは》だ噉《だい》道う、只《た》だ八成《じょう》を道《い》い得《え》たり。徳云《とくいわ》く、和尚又如何《おしょうまたいかん》。山云《さんいわ》く、井《い》の驢《ろ》を観《み》るが如《ごと》し。

頌《じゅ》に云《いわ》く、驢《ろ》、井《い》を観《み》、井《い》、驢《ろ》を観《み》る。智容《ちい》れて外《はず》るる無《な》く、浄涵《じょうひた》して余《あまり》あり。肘後《ちゅうご》誰《たれ》か印《いん》を分《わか》たん。家中書《かちゅうしょ》を蓄《たくわ》えず、機糸《きし》掛《か》けず梭頭《さとう》の事《じ》。文彩縦横意自《もんさいじゅうおういおのずか》ら殊《こと》なり。

私心なくただうつす鏡のように

冬の寒さの厳しい信州では、蜜柑《みかん》は育てることも、まして果実をみのらせることもむずかしい。むずかしいほどに挑戦してみたいというのも人の心理で、弟子が、無量寺の畑で苗木を育て、冬は鉢に植えかえて屋内に入れなどし、ここ数年、オレンジ色の実をみのらせるようになった。宝物のように大事に一つをもいでお正月の御本尊様の鏡餅《かかみもち》の上に飾り、もう一つを家族全員で二袋くらいずつ分けて賞味した。〝おいしいね〟〝おいしいね〟〝ちょっとすっぱくて、ほんとうの蜜柑の味だね〟などと絶讃《ぜっさん》しながら……。

寺の畑で苦労して育てた蜜柑ということを語らずに、その蜜柑と蜜柑の本場から送られてきた専門家の栽培した蜜柑とを並べて出したら、多分客は本場の方の蜜柑に手を出し、味もそのほうがよいというにちがいない。蜜柑一つにさえ、自分が手塩にかけて育てたものはひとしおにいとしく、味も格別に感ずるからおかしい。

たとえば運動会などの走り競走で、わが子がスタート・ラインに立ったとする。家族の者たちはわが子だけを見つめ、わが子が友達を追いこしたらとびあがって喜ぶだろう。友達がわが子を追いこしたときも同じように拍手が送れるか。拍手を送るどころか憎らしくさえなりかねない。親の愛といえばそれまでだが、身びいきもいいところ。しかもそのことに気づいていないから始末が悪い。

人間はいついかなるときも、かほどまでに自己中心の見方、考え方しかできない。絶対に平等に見ることはできないのである。

第五十二則の「曹山法身《そうざんほっしん》」の中で、曹山和尚が徳上座《とくじょうざ》に向かって「仏の姿や働きというものは、形なき無辺際の虚空のようなもので、そのありようは、ちょうど海水の千波万波に、又《また》は草の葉の露にも等しく宿る月影のようなものだ」と語り、徳上座に「その仏の働きをどう説くか」と質問する。

徳上座は「驢《ろ》の井《い》を観《み》るが如《ごと》し」と答えた。〝驢馬が井戸をのぞいているようなものだ〟というのである。曹山和尚は徳上座の答えを十分とせず、自らの見解を「井の驢を観るが如し」と云《い》いかえられた。井戸が驢馬をみているというのである。

井戸というのは水鏡と考えたらよかろう。つまり鏡である。驢馬が鏡を見る。我々《われわれ》人間が鏡を見るほどに心は動かないであろう。娘さんたちならいかに美しく粧《よそお》うかと考えながら、老いてくると〝白髪が増えたなあ〟とか〝皺《しわ》をどうかくすか〟など、妄想をおこしながら鏡を見るであろうが。人間ほどに妄想をたくましくはしないが、動物にも意識はあるから、それなりに動く情はある。

それに比べて「井の驢を観るが如し」というのは、井戸の水がただ無心に驢馬をうつしているというのである。そこには片鱗《へんりん》の動きもなく、又私心もない。〝この人は好きだからきれいにうつそう〟〝この人は嫌いだから醜くうつそう〟、そんなことはない。すべてに対して絶対平等に、しかも、そのままにうつし出す。仏の働きを「大円鏡智《だいえんきょうち》」といって、まどかに澄みきわまった大いなる鏡にたとえ、また「聖眼私なし《しょうげんわたくし》」といって、そこに私心が全く入らないから「漢来たれば漢現じ、胡来たれば胡現ず」と、そのままにうつし出す、と示される。

胡というのは胡人《こじん》。西域の人のことを漢民族の人々は胡人と呼んだ。シルクロードを通って中国へ入ったものを、中国の人々は胡をつけて呼んだ。胡姫《こき》、胡弓《こきゅう》、胡瓜《きゅうり》、胡麻《ごま》というように。漢人が来ようが胡人が来ようが、全く平等にただうつし出し、去れば去ったで全く跡をとどめない。

わが身かわいい思いや、こだわりがあるため心の鏡がゆがんだり曇ったりして、すべてのことを平等に、ありのままに受けとめることのできない自分の姿を、「井の驢を観るが如し」の言葉に照らし出して、気づかせていただくことである。

第五十三則　黄檗噇糟

衆《しゅ》に示《しめ》して云《いわ》く、機《き》に臨《のぞ》んで仏《ほとけ》を見《み》ず、大悟師《だいごし》を存《そん》せず。乾坤《けんこん》を定《さだ》むる剣《けん》、人情《にんじょう》を没《ぼっ》し、虎児《こじ》を擒《とら》うる機《き》、聖解《しょうげ》を忘《ぼう》ず。且《しばら》く道《い》え是《こ》れ甚麼人《なんぴと》の作略《さりゃく》ぞ。

挙《こ》す。黄檗衆《おうばくしゅ》に示《しめ》して云《いわ》く、汝等諸人《なんじらしょにん》尽《ことごと》く是《こ》れ噇酒糟《とうしゅそう》の漢《かん》、与麼《よも》に行脚《あんぎゃ》せば何《いずれ》の処《ところ》にか今日有《こんにちあ》らんや、還《かえ》って大唐国裏《だいとうこくり》に禅師《ぜんじ》無《な》きことを知《し》るや。僧有《そうあ》り出《いで》て云《いわ》く、只《た》だ諸方《しょほう》の徒《と》を匡《ただ》し、衆《しゅ》を領《りょう》ずるが如《ごと》きは又作麼生《またそもさん》。檗云《ばくいわ》く、禅無《ぜんな》しとは道《い》わず只《た》だ是《こ》れ師無《しな》し。

頌《じゅ》に云《いわ》く、岐分《みちわか》れ糸染《いとそ》んで太《はなは》だ労労《ろうろう》、葉綴《はつづ》り花聯《はなつらな》って祖曹《そそう》を敗《はい》す。妙《みょう》に司南造化《しなんぞうか》の柄《へい》を握《にぎ》って、水雲《すいうん》の器具《きぐ》甄陶《しんとう》に在《あ》り、繁碎《はんさい》を屏割《へいかつ》し氄毛《じゅうもう》を剪除《せんじょ》す。星衡藻鑑《せいこうそうかん》、玉尺金刀《ぎょくしゃくきんとう》。黄檗老《おうばくろう》、秋毫《しゅうごう》を察《さっ》す。春風《しゅんぷう》を坐断《ざだん》して高《たか》きことを放《ゆる》さず。

“酒かすくらいになるな！”

丘や谷を、道の両側を、目のとどく限りを埋めつくし、咲き香っている梅林の中を、私は五、六人の道友と共にやや緊張ぎみで歩いていた。青梅線をさかのぼり、奥多摩の五日市の奥に、今様正受老人《いまようしょうじゅろうじん》こと加藤耕山《かとうこうざん》老師をお訪ねしたのである。梅林の中にうずくまるように、本堂と呼ぶにはあまりにもお粗末なお堂があり、少しはなれたところに、古材で建てられたらしい小屋があり、これが禅堂であった。訪問したメンバーは大学や大学院を終え、更《さら》に曹洞宗教化研修所に籍をおいて研修を続けている者達《たち》。

すでに八十の坂をとっくに越えておられる耕山老師と共に、この禅堂で一炷《いっちゅう》（線香一本が消えるまで坐《すわ》るのでこの呼び名がある）の坐禅を組み、『白隠《はくいん》禅師坐禅和讃』をお唱えし、そのあと、私が持参した野點《のだて》の道具で皆さんにお茶を一服召しあがっていただいた。お茶を召しあがりながら語られた耕山老師の数々のお話が、昨日のことのように鮮明に思いおこされる。

まずは開口一番、

「あんたら偉い人かしらんが、曈酒糟《とうしゅそう》の漢《かん》（酒かすくらい）になりなさんな」の一喝《いっかつ》。おだやかな口調ではあったが、まさに脳天に痛棒の思いであった。酒かすくらい、つまり本物の酒の味を知らず、酒かすで酔っぱらい、核心をはずれた周辺でうろうろしている人間を叱咤《しった》する言葉である。たしかに文字・学問を追い、坐禅が、実践が追いつかないメンバーばかりである。切なる道を求める心があればこそ、この奥多摩の隠者ともいうべき耕山老師をはるばると訪ねては来たのであるが。

禅堂の、といっても単なる貧しい和室にすぎないのだが、そのまん中の小さな机の上に十五センチほどの白木の文殊菩薩《もんじゅぼさつ》がまつられている。

「この文殊菩薩は沢木（興道《こうどう》老師）が持ってきてくれたんじゃ。年に一回、正月二日には必ず来てくれた。東京の駒沢大学の先生になってきたその年から三十何年間無欠勤じゃ。『どういう因縁かいな』というと『くされ縁じゃ』という。『いや、あんたくさっとるかしらんが、わしの方はくさっとらんぞ』、そんなふうでな」

「ある時に『まあお前、そんなおかしなハシゴ悟り、やめてしまわんか』なんて云《い》いたくりよる。『それならあんたも只管打坐《しかんたざ》をやめたらどうだ』などと云うてな」

「臨済《りんざい》も曹洞《そうとう》も似たりよったりじゃ。見方がちょっと違うだけじゃ。下からいくか、上からくるか、というほどのことだから、どっちゃからいってもいいようなものじゃ」

「沢木が来ると周囲の者が楽しんでね。向こうの部屋で一日中ホラを吹いて、みな楽しんでお正月をする」

「沢木の書いたものはわたしの所にはたくさんあって、襖《ふすま》が破れた所などに張っておったが、その襖も古くなって傷んだので縁の下に入れておいたら、沢木の随身やら信者達が来て持っていってしまった。雨の日、雲水が庭先に一枚扇面が落ちていたといって拾ってきよったので、額にして残っている」

たてつけの悪い入り口の戸があいて、粗末な野良着姿のお婆《ばあ》さん（耕山老師の奥さま）が手鍋に山羊《やぎ》の乳をあたためて持って来て下さった。

山羊の乳をいただきながら、天下の禅の巨匠お二人のこまやかな道交のお話を心ゆくまで拝聴し、再訪を心に期して暇乞いをしたことであった。

今をさかのぼること四十五年前、私の三十歳頃《ころ》の春の一日の出来ごとである。そのとき心に刻みつけた「酒かすくらいになるな」の一喝と、そのときの迷いも悟りも抜け切った耕山老師のひょうひょうとしたお姿は、沢木老師の教えやお姿と重なり、とかく道を怠ったり、それがちな自分への自誡《じかい》となっている。

この「酒かすくらい」というのは第五十三則「黄檗噇糟《おうばくとうそう》」の中で、黄檗希運《きうん》禅師が修行僧達に語りかけた言葉である。

にらむべき一点は何か

黄檗《おうばく》が修行僧たちに与えた「お前たち、本物の酒の味を知らずに、酒かすで酔っぱらっているような人間になるな！」の一言は、すべての人が、あらゆる時点において自らに問うべき言葉であろう。

人生は幸せを求めての旅といえよう。しかし何を幸せとするかを見きわめる眼力がない

と、酒かすくらいになる。山と積まれた財産も一朝にして借金に変り、昨日の総理大臣が今日は零落の一途をたどるということもありうる。愛は一つまちがうと憎しみに変り、若さや健康も一時の夢で老いや病に勝てるものではない。そういう移ろいゆくものにしがみつき、しばしの幸せに酔いしれて、前後が見えなくなっている者は、悉《ことごと》く酒かすくらいの類といえよう。

茶の湯とは
　ただ湯をわかし
　　茶を點てて
飲むばかりなる
　もとを知るべし

これは千利休が、茶の心を百首の歌に托《たく》して詠じた中の一首である。茶道は総合文化といわれる一面があるほどに、中身は豊かで多岐にわたる。まずは心の運びから立ち居振る舞いに始まり、道具、花、書、画や料理から建築、作庭、ひいては衣装に到《いた》るまで。ということは、一つ間違うと周辺に魅惑され、心奪われ、迷わされ、一番の目的を、原点を見失いがちな一面があるということである。つまり酒かすくらいに堕しかねない落し穴をいっぱい持っているということである。

床の間の軸も花も、季節やそのときの客や会の趣旨に合ったものが飾られているとうれしい。衣装も美しく着こなし、たとえば道具も、夏ならばいかにも涼しげなものをとり揃《そろ》えてくれれば心たのしい。しかしうっかりすると道具自慢になり、知識の披瀝《ひれき》になり、衣装や着こなしの批評会になりかねない。いずれも一服のお茶をおいしく飲んでいただくための道具立てに過ぎないことを忘れてはならない。時と場合によっては、居間で普段着のまま、煎茶《せんちゃ》かコーヒーを出したほうが、茶の心にかなうときもあるということを忘れてはならない。

沢木興道老師の言葉に「宗教は生活である」という一句がある。つまり宗教とは、今この私の生き方の一歩を具体的にあやまりのない方向へと導いてくれるものでなければならないのである。一日二十四時間、一年三百六十五日、さまざまなことが起きてくる。その一つ一つにどう対処してゆくか、受けとめ転じてゆくか、きわめて具体的に指し示すもの、その一歩一歩に実践してゆくべきものが宗教なのである。

この「宗教とは生活である」の一句が、容易ならぬ一句であることを理解する手だてとして、「生活」の二字を別の言葉におきかえてみよう。

「宗教は芸術である」とばかりに、仏像、堂塔伽藍《どうとうがらん》、庭園などを造ることをもって仏法興隆と思っている人もある。「宗教は学問である」といった姿勢で本の虫となり、自分の人生とは無縁の形で仏法と対している学者風情もある。

「宗教は趣味である」と勘違いしている人も多い。坐禅や仏法の話を聞いたり、お寺巡りが好きなど。高級趣味として自己満足したり、自分の飾りとしたり……。

「宗教は職業である」更《さら》には「商売である」と割り切り、先祖供養、現世利益、観光、はては先祖の祟《たた》りまで云《い》い出して金もうけをするなどは言語道断。

こう見てくると「宗教は生活である」の一句が途方もなく大変な言葉であることが分かる。この一句を心底納得し、具体的生活の一歩に実践できたとき、宗教という本物の酒の味を味わい得たといえるのであり、芸術や学問や趣味や商売のあたりをうろうろしているのは酒かすくらいにすぎないということができよう。幾重にも幾重にも自誡《じかい》して歩まねばならないと思うことである。

第五十四則　雲巌大悲

衆《しゅ》に示《しめ》して云《いわ》く、八面玲瓏《めんれいろう》十方通暢《ぽうつうちょう》、一切処放光動地《さいじょほうこうどうち》、一切時妙用神通《さいじみょうゆうじんづう》、且《しばら》く道《い》え如何《いかん》が発現《はつげん》せん。

挙《こ》す。雲巌《うんがん》、道吾《どうご》に問《と》う、大悲菩薩許多《だいひぼさつそこばく》の手眼《しゅげん》を用《もち》いて作麼《なに》かせん。吾云《ごいわ》く、人《ひと》の夜間《やかん》に背手《はいしゅ》して枕子《ちんす》を摸《さぐ》るが如《ごと》し、巌云《がんいわ》く、我会《われえ》せり、汝作麼生《なんじそもさん》か会《え》す。巌云《がんいわ》く、偏身是《へんしんこ》れ手眼《しゅげん》。吾云《ごいわ》く、道《い》うことは大煞《はなはだ》道《い》う即《すなわ》ち八成《じょう》を得《え》たり。巌云《げんいわ》く、師兄作麼生《すひんそもさん》。吾云《ごいわ》く、通身是《つうしんこ》れ手眼《しゅげん》。

頌《じゅ》に云《いわ》く、一竅虚通《きょうきょつう》、八面玲瓏《めんれいろう》。象無《しょうな》く私無《しの》うして春律《はるりつ》に入《い》る。留《りゅう》せず礙《げ》せず月空《つきくう》に行《ゆ》く。清浄《しょうじょう》の宝目功徳臂《ほうもくくどくひ》。偏身《へんしん》は通身《つうしん》の是《ぜ》に何似《いずれ》ぞ。現前《げんぜん》の手眼全機《しゅげんぜんき》を顕《あら》わす、大用縦《だいゆうじゅう》横何《おうなん》ぞ忌諱《きき》せん。

病人には病人の姿となって

小学校三年の息子を持つ東北のある父親の述懐を伝え聞いたことがある。

「私の長男の俊雄が小学校三年の頃《ころ》のことです。雪の降る夕方、私が外出先から帰ってきたら、家内が仏壇の上に六百円程の小銭を上げておいた中から、俊雄が二百円程をとって買い喰《ぐ》いをした、というのです。私は思わずカッとなって『トシオ！ いいか、お前のやったことは、どんなに悪いことか、お父さんが教えてやるからな。いいか。お前の身体《からだ》に今から水を五杯かぶせる』と思わずいってしまった。

なにしろ零度に近い寒い頃ですから、家内がびっくりして『お父さん、そんなことをしたら俊雄が死んでしまいます』と泣いて止めるのですが、私は聞きません。無理やりに俊雄の服をぬがしてパンツ一枚にしてしまいました。『しかしな、お前がそういう悪いこと

をしたのは、お前が悪いだけではない。そういう悪い奴を育てた私にも責任がある。だからお父さんも、水を五杯かぶる』といって私も服を脱いでパンツ一枚になり、子をだいて外に出ました。

池の水をわって、先《ま》ず私がバケツで水を五杯かぶりましたが、まるで心臓が止まるような冷たさです。その冷たい水のしぶきが子供の身体にハネ返るのですが、息子は目に涙をたらたら流しながら、そのとばっちりをさけようともせず、ブルブルふるえて立っています。その息子を見た時、この時ほど『この息子はおれの血を分けた大事な息子なんだぞ』と、実感をもって胸に迫ったことはありませんでした。

(中略)

それから心を鬼にして息子に水を三杯かけたら、息子はすくんでしまいました。あとの二杯は半分にして、数だけは約束通り五杯かぶせると、私は息子を横だきにかかえて風呂場にかけこみました。そして、かわいたタオルでゴシゴシと息子の身体をこすってやったのですが、そしたら息子もワキのタオルでゴシゴシと私の腹をこすってくれるのです。私は思わず息子をだいて男泣きに泣いてしまいました。

それから俊雄は間違っても、自分のお金でないものには、投げ出しておいても手をふれない子供になってくれました」

仏の慈悲の働きを「同事《どうじ》」「同悲《どうひ》」という言葉で表現する。「同事」とは相手と事を同じくすることであり、「同悲」とは相手の喜びや悲しみをわが喜びや悲しみと受けとめ、共に行じてゆく姿をいう。子供の過ちをわが過ちと受けとめ、子の悲しみをわが悲しみと受けとめて自らすすんで水をかぶる父親の姿は、まさに仏の同事、同悲の働きそのものといえよう。

第五十四則「雲巌大悲《うんがんだいひ》」は、この仏の同事、同悲の働きを観音菩薩《ぼさつ》の大慈悲の姿で語ったものである。青木敬麿という方の歌に、

一日に八万四千の
　煩悩あり
八万四千の
　み仏います

というのがある。人間の煩悩の数だけ、仏さまがその煩悩のお相手をするにふさわしい姿

となってお出まし下さり、更《さら》には百人に百人の姿、千人には千人の姿となって現れ、親しく手をとり、共に涙しつつ、安らかな世界へと導いて下さるというのである。「同病あいあわれむ」の言葉通り、同じ病の苦しみを持った者同志は、瞬時にして互いに心が通じあい、慰め励ましあうことができるように、又《また》子供同志もたちまち親しくなつて遊べるように、病人には病人の姿をとり、子供には子供の姿をとる、というような無限の働きを、三十三観音とか千手千眼観音とか、十一面観音とかいう形で象徴的に表現したものであり、この則では「偏身是手眼《へんしんこれしゅげん》」「通身《つうしん》是れ手眼」という形で述べられている。つまり体中が手であり眼であるというので、千手千眼と同じ心といえよう。

鬼婆を仏と拝む

雲巌《うんがん》と道吾《どうご》は肉の兄弟で、道吾の方が十一歳年長であるが、出家したのは弟の雲巌よりずっと遅かったので、法の上では弟弟子《でし》という間柄であった。兄弟仲好《よ》く切磋琢磨《せっさたくま》しあい、すぐれた商量《しょうりょう》（仏法についての研参）を沢山《たくさん》残しており、観音の働きについて語りあう「雲巌大悲《だいひ》」の話も、その一つである。

観世音菩薩《かんぜおんぼさつ》は地蔵菩薩と共に、日本人に最も親しまれている菩薩さまといえよう。「補《ふ》陀落《だらく》や岸打つ波はみくまのの那智《なち》のお山に響くたきつせ」の御詠歌《ごえいか》で親しまれている那智の青岸渡寺《せいがんとじ》で始まり、美濃の谷汲山華厳寺《たにぐみさんけごんじ》で結願となる西国三十三所の霊場を筆頭に、坂東、秩父と、多くの霊場が設けられている。

御朱印《ごしゅいん》をいただいてきたとうれしげに御朱印帳を見せたり、軸物に仕立てて魂入れをしてくれ、といってくる人に私は云《い》う。

「三十三というのは数字ではなく無限という意味なのよ。『白髪三千丈』とか『三十年来行脚《あんぎゃ》し来たれ』とか三という数字をよく使うけれど、三はどこまでいっても割り切れない数字で、無限大を意味する言葉なのね。

『観音経』の終りの方に『普門示現《ふもんじげん》』という言葉が出てくるんですよ。〝普《あまね》き門に姿を現じ給《たま》う〟というんですね。普き門、つまりこの地上のすべては観音様の慈悲の権化《ごんげ》（仮の姿）だというのです。だから三十三札所を巡って、朱印帳をもらってお詣《まい》りが済んだと思っては駄目ね、あなたにとって可愛《かわい》い息子も、時に憎らしくなる嫁も、あるいはわが母も、つらくあたる姑《しゅうとめ》も、全部観音様が私の人生を深め、高めるためにそういう姿を現じて下さったのだと拝《おが》むことができたとき、札所めぐりができたといえるのよ」と。

昭憲皇太后に奉仕した税所敦子《さいしょあつこ》さんは、才色兼備で、女流歌人でもあった。それをねたんで姑は敦子さんに辛《つら》くあたり、ある日、「あなたは歌をよくするというが、私は、

　鬼婆なりと
　　人は云うなり

という下の句を作ったので、上の句をつけてくれ」といわれた。敦子さんは即座に、

　仏にもまさる心を
　　知らずして

と上の句をつけたという。おみごとという他《ほか》はない。鬼婆も仏と拝めるようになったとき三十三札所めぐりができたといえるのである。

観世音菩薩の別の呼び名が観自在《かんじざい》菩薩であることは、一般にはあまり知られていない。印度の菩薩アヴァローキテイシュヴァラを、鳩摩羅什《くまらじゅう》（三四四—四一三）は観世音と

訳し、鳩摩羅什より二百年後に出た玄奘三蔵《げんじょうさんぞう》（六〇二―六六二）は観自在と訳されたのである。日本人に最も親しまれているお経の一つで、「観自在菩薩行深般若《ぼうさあぎょうじんはんにゃ》」で始まる『般若心経《しんぎょう》』は玄奘三蔵の訳で、羅什三蔵の訳を旧訳《くやく》と呼ぶのに対して、新訳《しんやく》と呼ばれている。

かつて法友が「鳩摩羅什の訳はあったかいですなあ」とつぶやいた言葉が心に残っているが、まさにその通りで、「観世音」は慈悲の働きを表に出しての呼び名であり、「観自在」は厳しい智慧《ちえ》の面から光をあてた呼び名といえよう。『般若心経』は「智慧」を語るお経であるから。

念のため付言しておきたい。「智慧」といっても「あの人は知恵がある」というような「知恵」ではない。一本の木にたとえるなら枝葉に当るのが知恵や知識であり、それらを支える根幹に当るものを智慧と呼ぶといえよう。科学や政治・経済の知識を辞書ほど持っていても、人間が立派であるということとは無縁である。知識は道具にすぎない。その道具を使いこなしてゆく人間そのものが駄目なら科学の知識も人殺しの戦争の道具に使ってしまうことになる。大切なのは知識という道具よりも、その道具をどう使いこなしてゆくかという働きであり、それを智慧と呼ぶ。

教育も知識のつめこみではなく、知識をどう使いこなしてゆくかという人間教育こそ本命と思うのだが。

透明に平等に観る心

印度の菩薩《ぼさつ》アヴァローキテイシュヴァラを、羅什三蔵《らじゅうさんぞう》は、「観世音《かんぜおん》」と慈悲の働きを表に出して訳し、玄奘三蔵《げんじょうさんぞう》は「観自在《かんじざい》」と智慧《ちえ》の面を強調して訳したということは先に述べた。ここで心にとめておきたいことは、両方ともに「観」の一字がついているということである。

天台智者大師《てんだいちしゃだいし》は『観音玄義《かんのんげんぎ》』の中で「観」の心を「取相《しゅそう》を破《は》す」と説明しておられる。「取相を破す」とは、こだわりの心、とらわれの心、かたよった心から解きはなたれた状態、脱《ぬ》け出た状態ということができよう。色眼鏡をかけず、全く透明にものを観《み》ることができる、事に対処することができる働きともいえよう。

この則の「示衆《じしゅ》」にも「頌《じゅ》」にも「八面玲瓏《はちめんれいろう》」という言葉が登場するが、透明で皎潔《こうけつ》な働きを玲瓏な珠玉に例えたものといえよう。

しかしこれはわれわれには程遠い。色眼鏡をかけてしか見ることのできない私、かたよった見方、受けとめ方しかできない私を浮きぼりにすることによって、逆の面から玲瓏たる「観」の働きを推しはかってみることにする。

まずは「こだわりの心」を見すえてみよう。いついかなる時も、ひそかに、しかし執念深く「わが身かわいい思い」「身びいきの思い」が働きかけつづけていて、絶対にものごとを平等には見ていない。

たとえば集合写真一枚見るにさえ、百人が百人とも、まず自分の顔を探すであろう。そして自分の顔がよく撮れていると〝これはいい写真だ〟となり、自分が目をつぶったり横を向いたりしていると写真そのものが意味のないものにさえ思えてくるように。

自分の風邪は肺炎ほどに大袈裟《おおげさ》に、隣人の肺炎は風邪ぐらいにしか受けとめられない私。ことほどさように、われわれはあらゆる時点で、私を中心に据えての見方、考え方しか出来ず、しかもそのことに気づいていないから始末が悪い。

次には「かたよった見方」しか出来ない自分を例え話を通して眺めてみよう。

信州の山の中で炭焼きをして暮らしている人と、佐渡の海で漁をして暮らしている人が、浅草の観音さまをお詣《まい》りし、同じ宿に泊まった。太陽はどこから出るかという話になり、山で暮らしている人は「山から出て山に入る」といい、海で暮らしている人は「海から出て海に入る」といってゆずらない。宿の番頭を呼んで仲裁をたのんだら「屋根から出て屋根に入る」といったという。

笑い話のような話であるが、われわれの毎日の姿がこれなんだと謙虚に受けとめなければならない。貧しい経験の範囲でしか受けとめることも判断することもできない私であることへの自覚と反省である。

こういうとらわれやかたよりを脱け出し、全く平等に澄みきった鏡のようにうつし出す働きを「観」というのだという。

しかしその働きをわれわれの手のとどかない遠いところのものとして受けとめてはならない。春が地上のすべての上に等しく働きかけ、月の光が地上の一切のものをもれなくつつみこむように、今私が見たり聞いたり考えたり、又《また》は食べたり眠ったりする、そのすべての働きが、この観音の働きのほかの何ものでもないことに気づけと語りかけている。「八面玲瓏、象《かたち》無く私無うして春律《りつ》に入り留《りゅう》せず礙《げ》せずして月空に行く」と、春と月光の無礙《むげ》自在の働きにたとえ、「現前《げんぜん》の手眼《しゅげん》、全機《ぜんき》を顕《あらわ》す」と、その働きは他《ほか》ならぬ、あなたの手や眼やすべての働きなんだぞ、と、他人ごとと受けとめかねないわれわれに警告を発してくれている。

第五十五則　雪峰飯頭

衆《しゅ》に示《しめ》して云《いわ》く、氷《こおり》は水《みず》よりも寒《さむ》く、青《あお》は藍《あい》より出《い》ず。見《けん》、師《し》に過《す》ぎて方《まさ》に伝授《でんじゅ》するに堪《た》えたり。子《こ》を養《やしの》うて父《ちち》に及《およ》ばざれば家門《かもん》一世《せ》に衰《おとろ》う。且《しば》らく道《い》え父《ちち》の機《き》を奪《うば》う者《もの》は是《こ》れ甚麼人《なんぴと》ぞ。

挙《こ》す。雪峰《せっぽう》、徳山《とくさん》に在《あ》って飯頭《はんじゅう》となる。一日《じつ》飯《はん》遅《おそ》し、徳山《とくさん》鉢《はっ》を托《ささ》げて法堂《はっとう》に至《いた》る。峰《ほう》云《いわ》く、這《こ》の老漢《ろうかん》鐘《かね》未《いま》だ鳴《な》らず、鼓《く》未《いま》だ響《ひび》かざるに、鉢《はっ》を托《ささ》げて甚麼《なん》の処《ところ》に向《むか》って去《さ》るや。山《さん》便《すなわ》ち方丈《ほうじょう》に帰《かえ》る。峰《ほう》、巌頭《がんとう》に挙示《こじ》す。頭《とう》云《いわ》く、大小《だいしょう》の徳山《とくさん》末後《まつご》の句《く》を会《え》せず。山《さん》聞《き》いて、侍者《じしゃ》をして巌頭《がんとう》を喚《よ》ばしめて問《と》う、汝《なんじ》老僧《ろうそう》を肯《うけが》わざるや。巌《がん》遂《つい》に其《そ》の意《い》を啓《けい》す。山《さん》乃《すなわ》ち休《きゅう》し去《さ》る。明日《みょうにち》に至《いた》って陞堂《しんどう》、果《はた》して尋常《じんじょう》と同《おな》じからず。巌《がん》、掌《たなごころ》を撫《ぶ》して笑《わら》って云《いわ》く、且喜《しゃき》すらくは老漢末後《ろうかんまつご》の句《く》を会《え》せり、他後《たご》、天下《てんか》の人《ひと》、伊《かれ》を奈何《いかん》ともせず。

頌《じゅ》に云《いわ》く、末後《まつご》の句《く》を会《え》すや也《ま》た無《な》しや、徳山父子《とくさんふし》太《はなは》だ含胡《がんこ》す。座中《ざちゅう》亦《また》江南《こうなん》の客《かく》あり、人前《にんぜん》に向《むか》って鷓鴣《しゃこ》を唱《とな》うること莫《な》れ。

子にゆずり、弟子に負ける修行

某寺に諸用あって両三日滞在したときのこと。その寺のお師匠さんが出かけようとして時計を見ると、幾つもの時計が少しずつ違っていて、どれが正時間かわからない。そこでお師匠さんは弟子に、「いくつもある時計の時刻を合わせておいてくれないか」とたのまれた。「みんな、自分が合っていると思っています！」という弟子の返事がかえってきた。

もちろん時計をなおそうとはしない。お師匠さまは黙ってひきさがられた。

予定の電車に乗るべくタクシーを呼んであったのだが、運転手が勘違いしたのか遅れて来たので間にあわない。止《や》むを得ずひと電車遅らせ、一時間後に再度迎えをたのんだら、今度は予約の時間より三十分も早く来た。ホームで待つ時間が惜しい。お師匠さんは止むなく「早すぎたり遅すぎたり……。なかなか思うようにはいかないね」とつぶやきながら玄関を出ようとされた。その背後に向かって弟子は叫んだ。

「世の中、師匠の思うようにはなっとりません！」

お師匠さんは黙って出かけられた。

虫の居どころが悪くて師匠に云《い》いはなった弟子の言葉には違いないが、私は私に云われた言葉のようにグサリと心に深くつきささった。お師匠さんはその度に何も云わず黙って眼を伏せて弟子の言葉を受けとめ、しずかに次の行動へと移っていったが。

「どの時計もみな自分が合っとると思っています！」「世の中、師匠の思うようにはなっとりません！」

なまじっか堂長という立場に立ち、あるいは少しばかり世の中に知られるようになると、しらずしらずに憍《おごり》の心が育ち、まわり中がつねに私の都合を優先してくれることに馴《な》れ、此方《こちら》が向こうにゆずることを忘れてしまっている。そういう自我中心の、高慢な自分の姿に気づかせてくれた仏の声と、四十年の歳月が過ぎた今日までも、この弟子のはなった言葉は忘れない。

第五十五則「雪峰飯頭《せっぽうはんじゅう》」は、師の徳山《とくさん》が弟子の雪峰や巌頭《がんとう》に叱られたり、一歩ゆずったりする場面が登場する。

雪峰が典座《てんぞ》といって台所の当番を勤めていた。ある日、食事の準備に手間どったのであろう。時間になっても食事の合図《あいず》の鳴らしものが鳴らない。徳山は待ちかねて応量器《おうりょうき》（食器）を持って出て来られた。師の徳山の姿を見かけた雪峰は、

「この老いぼれが。まだ食事の鳴らしものも鳴っていないうちに出て来て、どこへ行こうというんじゃ！」

と怒鳴った。徳山は黙って自室へ帰った、というのである。剛の者で知られている徳山が弟子の雪峰に対して、負けてゆずるという柔軟な対応をしている。

ＰＴＡへお話にいったとき、数人の父親から「子供の前で親の弱みを見せたくないが、

どうしたらいいか」という質問があった。私は答えた。「親の面子などというつまらないものはかなぐり捨て、素直に自分の弱さや欠点を認め、〝お父さんは駄目だけれど、お前はすばらしい〟とほめてやってくれ」と。

自分の弱さを、自分の非を認めることができるのは、精神的に大人の証拠。相手が子供であろうと弟子であろうと、部下であろうとあるいは私が快く思っていない人であろうと、そんなことはどうでもよい。たとえば初めに引用した弟子の言葉のように、師匠への反撥《はんぱつ》で云いはなった言葉であろうと、真実をついている言葉ならば仏の言葉として敬聴するという姿勢こそ大切といえよう。

ゆずることができる。負けることができる。相手の是を認め、わが非を認めることができる。それは精神的に大人になっていないとできない。上に立つ修行、親や教師になる修行は限りなく精神的に大人になる修行といってよいのではなかろうか。

第五十六則　密師白兎

衆《しゅ》に示《しめ》して云《いわ》く、寧《むし》ろ永劫《えいごう》に沈淪《ちんりん》す可《べ》くとも、諸聖《しょしょう》の解脱《げだつ》を求《もと》めず、提婆達多《だいばだった》は無間《むげん》獄中《ごくちゅう》に三禅《ぜん》の楽《たのしみ》を受《う》け、欝頭藍弗《うずらんほつ》は有頂天上《うちょうてんじょう》に飛狸《ひり》の身《み》に堕《だ》す。且《しば》らく道《い》え利害甚麼《りがいいずれ》の処《ところ》に在《あ》るや。

挙《こ》す。密師伯《みっしはく》、洞山《とうざん》と行《ゆ》く次《つい》で、白兎子《びゃくとし》の面前《めんぜん》に走過《そうか》するを見《み》て、密云《みついわ》く、俊《しゅん》なる哉《かな》。山云《さんいわ》く、作麼生《そもさん》。密云《みついわ》く、白衣《びゃくえ》の相《しょう》を拝《はい》せらるるが如《ごと》し。山云《さんいわ》く、老老大大《ろうろうだいだい》として這箇《しゃこ》の語話《ごわ》をなす。密云《みついわ》く、儞又《なんじまた》作麼生《そもさん》。山云《さんいわ》く、積代《せきだい》の簪纓《しんえいざん》暫時落薄《じらくはく》す。

頌《じゅ》に云《いわ》く、力《ちから》を霜雪《そうせつ》に抗《くら》べ、歩《あゆみ》を雲霄《うんしょう》に平《ひとし》うす。下恵《かけい》は国《くに》を出《い》で、相如《しょうじょ》は橋《はし》を過《す》ぐ。蕭曹《しょうそう》が謀略《ぼうりゃくよ》能く漢《かん》を成《な》す、巣許《そうきょ》が身心《しんじんぎょう》堯を避《さ》けんと欲《ほっ》す。寵辱《ちょうじょく》には若《し》かも驚《おどろ》く、深《ふか》く自《みずか》ら信《しん》ぜよ、真情《しんじょう》跡《あと》を参《まじ》えて漁樵《ぎょしょう》に混《こん》ず。

地獄もまた楽しと生きる

昔から「釈迦《しゃか》に提婆《だいば》、キリストにユダ」という言葉が語り伝えられているほどに、提婆達多《だった》やユダは裏切り者、背教者の代名詞となっている。

ユダはキリストの十二使徒の一人。銀三十枚に目がくらんでキリストを敵に売り、裏切り者としての名を後世に残した。提婆達多は釈尊の従弟《いとこ》で、後に出家して釈尊の弟子になったが、釈尊の名声をねたみ、釈尊をなきものとし、釈尊に代わって仏教教団の統領になろうと、さまざまな危害を加えようとしたがいずれも失敗し、その罪によって無間《むけん》地獄に堕《お》ちたとされている。

釈尊は提婆を憐《あわ》れみ、釈尊の常随侍者《じょうずいじしゃ》であり提婆の兄弟でもある阿難尊者《あなんそんじゃ》を遣わして問わしめると、提婆は「我《われ》地獄にありといえども三禅天《さんぜんてん》の楽しみあり」と答えたという。

つまり「生前の罪によって身は無間地獄の苦しみを受けてはいるけれど、心は三禅天の楽しみの中にあるんだよ」というのである。

第五十六則「密師白兎《みっしはくと》」の「示衆《じしゅ》」にこの「提婆達多は無間獄中に三禅の楽を受け」の一句が登場する。密師というのは洞山良价《とうざんりょうかい》禅師と兄弟弟子で、よほどに気のあった二人らしく、同道行脚すること二十年と伝えられている。

この洞山さまに「無寒暑《むかんじょ》」の話《わ》が伝えられている。「寒暑到来すいかんが廻避《かいひ》せん」―暑さ寒さがやって参りました。どうやって避けたらよいでしょう―と一人の僧が問うてきた。「暑さ寒さのないところへ行けばよいではないか」と洞山さまは答える。「そんないいところはどこにありますか」との重ねての問いに対して洞山さまは「寒時《かんじ》には闍梨《じゃり》を寒殺《かんさつ》し、熱時《ねつじ》には闍梨を熱殺《ねっさつ》す」と答えておられる（『碧巌録《へきがんろく》』四三）。文字通りに解釈すれば「寒い時は寒さであなたを殺し、暑い時は暑さであなたを殺してしまえ」となるが、暑いときは暑さと一つになり、寒いときは寒さと一つになり、更《さら》に一歩進めて、積極的に暑さや寒さをたのしんでゆけ、というのである。

例えば寒いときなればこそ、つくばいの手桶《ておけ》に出されたお湯はうれしく、又《また》あたためた皿に盛られた蒸したてのおまんじゅうは、体ばかりではなく心まであたたまる。夏は暑いほどに冷えたビールはおいしく、又涼し気な装いもひとしおにたのしい。暑さ寒さを現代風に冷暖房で消してゆくのではなく逆手にとって積極的にたのしんでゆく、それが熱殺、寒殺という言葉の心であろう。提婆達多が〝身は無間地獄の苦しみの中にあっても、心は三禅天の楽しみを味わっている〟というのも、この心といえよう。

この則の「示衆」では続いて「ウズランホツという仙人は、修行に修行を重ねて有頂天という最高の境界にまで達したが、寿命尽きて後、狸《たぬき》の身に堕《だ》した」という対称的な話が紹介されている。世間的には最高の地位やぜいたくな生活をしていても、心は足ることを知らない餓鬼や、畜生・修羅という言葉で象徴するような卑しい心であることを云《い》おうとするのであろう。

「此岸《しがん》を彼岸として生きる人」と、「彼岸を此岸として生きる人」と云いかえることもできよう。「此岸」とは苦しみに充《みち》た厭《いと》うべき世界であり、「彼岸」は苦しみのない喜びいっぱいの希《ねが》わしき世界といえよう。

多くの人は、苦しみに充ちた此岸を厭い、楽しいことばかりの彼岸を求めて右往左往する。心ある人は苦しみの此岸をも喜びの彼岸と転じて生き、心なきものは彼岸ともいうべき中にあっても、それを此岸の苦としか受けとめることができないというのである。

沢木興道老師の「仏法とは此方《こちら》の目や耳や頭をかえるということじゃ」のお言葉が思いあわされる。

幸・不幸にふりまわされず無礙に生きん

洞山《とうざん》さまと僧密《そうみつ》さまは二十年の長きにわたり、共に行脚し、共に参じあった仲であり、洞山さまの弟子たちは僧密さまのことを「密師伯《みっしはく》」、つまり密おじさんと敬い親しんでいたようだ。

この二人が行脚しながら交わした問答の中に「水を渡る作麼生《そもさん》」というのがある。「水を渡る」、つまり人生の航路を渡るときの心構えである。僧密さまは「足をぬらしません」と答え、洞山さまは「足はぬれません」と答える。「ぬらさない」と「ぬれない」の違いは何か。

沢庵禅師《たくあんぜんじ》と柳生但馬守《やぎゅうたじまのかみ》の間にかわされた「雨にぬれない極意」が思いあわされる。

沢庵禅師が参禅の弟子である柳生但馬守に雨の中にあって体の濡《ぬれ》ぬ極意を問われ、但馬守は二刀流をふりまわして雨を縦横無尽に斬《き》りまくり、ほとんど濡れることがなかった。「貴公の極意はその程度か」といって、つと庭に降り立った沢庵禅師は、雨の中にじっと動かずにたたずみ、全身ずぶぬれになって座にもどられ、事に当ってどう処するべきかの真意を、身をもって示された。

但馬守は体こそ濡れなかったが、心が雨にふりまわされ救いようもないほどに濡れてしまっている。沢庵禅師は体こそぬれねずみになったが、雨と全く一つになり、雨は禅師の心の中でそのあとかたもとどめていないのである。

「足をぬらさない」か、「足はぬれない」かの違いの理解の助けのために、もう一つ、古人の逸話を紹介しよう。

東大の前身である東京帝国大学にインド哲学部が開設され、初代講師に招かれた傑僧に原坦山《たんざん》がある。雲水時代、法友と参師問法の行脚をしていた。田舎道を歩いていて、たま

たま小川が増水し、橋はなく、妙齢の娘さんが渡れなくて困っていた。坦山は「よし、渡してあげよう」と、娘さんをかるがると抱きあげ、向う岸に渡しておろし、何事もなかったかのようにさっさと旅をつづけた。とたんに機嫌の悪くなった法友は、数時間の後、どうにも我慢ならないとばかりに「貴公はけしからん」と云《い》い出した。「何じゃ」というと「出家の身で女を抱いた」という。坦山はカラカラと笑いながら「貴公はまだ抱いていたのか」と云ったという。実際には抱いても心は微塵《みじん》のこだわりもなくさばさばしているのと実際には抱かなくても心はいつまでもこだわって抱きつづけているのとの違いである。

第五十六則の「密師白兎《みっしはくと》」の「本則」は、二人が山道を行脚していた。目の前を白い兎が目にもとまらないほどの早さで走りぬけた。僧密さまが「すばしっこいものだなあ」というと、すかさず洞山さまが「何をさしてすばしっこいというのか」と、問うてきた。道を学ばんとする者は、あらゆることを学道としてとりあげてゆく。

僧密さまは「無冠の一般人が、いきなり天下の宰相に昇任したようなものだ」と向上一路の答えをしたのに対し、洞山さまは「先祖代々、栄華をきわめたその高官の位置からおちぶれて、破れ家で悠々自適しているようなものだ」と向下底から答えた。

昨日は大臣、今日は野翁、寵《ちょう》を受ける日もあれば辱《はずかし》めを受ける日もあろう。世間的な栄枯盛衰や幸・不幸にふりまわされず、「雨も奇《き》なり、晴れも好《よし》」（蘇東坡《そとうば》の言）と、時処位に応じてこだわりない無礙《むげ》の働きをすることこそ大切と、語りかけているのではなかろうか。

第五十七則　厳陽一物

衆《しゅ》に示《しめ》して云《いわ》く、影《かげ》を弄《ろう》して形《かた》ちを労《ろう》す、形《かたち》は影《かげ》の本《もと》たることを識《し》らず。声《こえ》を揚《あ》げて響《ひびき》を止《とど》む、声《こえ》は是《こ》れ響《ひびき》の根《こん》なることを知《し》らず。若《も》し牛《うし》に騎《の》って牛《うし》を覓《もとむ》るに非《あらず》んば便《すなわ》ち是《こ》れ楔《けつ》を以《もっ》て楔《けつ》を去《さ》るならん。如何《いかん》が此《こ》の過《あやまち》を免《まぬか》れ得《え》ん。

挙《こ》す。厳陽尊者《げんようそんじゃ》、趙州《じょうしゅう》に問《と》う、一物不将来《もつふしょうらい》の時如何《ときいかん》。州云《しゅういわ》く、放下著《ほうげじゃく》。厳云《ごんいわ》く、一物不将来箇《もつふしょうらいこ》の甚麼《なに》をか放下《ほうげ》せん。州云《しゅういわ》く、恁麼《いんも》ならば擔取《たんしゅ》し去《さ》れ。

頌《じゅ》に云《いわ》く、細行《さいぎょう》を防《ふせ》がず先手《せんしゅ》に輸《ま》く、自《みずか》ら覚《おぼ》う心麁《こころそ》にして媿《はず》らくは撞頭《どうとう》することを。
局破《きょくやぶ》れて腰間斧柯《ようかんふか》爛《ただ》る、凡骨《ぼんこつ》を洗清《せんせい》して仙《せん》と共《とも》に遊《あそ》ぶ。

「捨てた」という思いも捨てよ

焼き捨てて
　日記の灰の
　　これだけか

過去の一切を葬り去って、行乞《ぎょうこつ》放浪の旅に出た山頭火ではあったが、心に背負いこんだ荷物を捨てることはむずかしい。

捨てきれぬ
　荷物の重さ
　　前うしろ

業《ごう》を背負い、業にひきずられ、業を捨て、業を越えんとしての行乞禅を続けること十年。五十四歳の七月、山頭火は永平寺に参籠《さんろう》。

水音の断えずして
　み仏とあり

の句を詠み、その四年後の昭和十五年晩秋、

おちついて
　死ねそうな
　　草枯るる

の句を残して、松山の一草庵で五十八年の生涯を閉じた。

前うしろに背負った荷物をみ仏のふところへ投げこみ、軽くなって、死に向かう山頭火の姿が、句を通して見えがくれする。

山頭火ほど「捨てる」ことに徹して生きようとした人も稀《まれ》であろうし、同時に山頭火ほど捨てられない自分をみつめて生きた人も少なかろう。

道元禅師は「捨つ」「棄つ」「はなる」などの言葉を多く使っておられる。

「家郷《かきょう》あらんは家郷をはなれ、恩愛《おんない》あらんは恩愛をはなれ、名あらんは名をのがれ、利あらんは利をのがれ……すでにあるをはなる、なきをもはなるべき道理あきらかなり」

家郷とか恩愛とは、わが家や親族に対する思い、名は名誉、肩書きなどで象徴する私の飾りとなるもの、利は財産。これらはすべて持ち物といってよかろう。さらに、あればあることに、なければないことにまた執する。両方ともはなれよとおっしゃる。人情とか意《こころ》とか、「よしと思い、あしと思うこと」をも捨てよとは、どうせ中途半端な、気まぐれな私のはからいのすべてを捨て、天地の道理、仏のモノサシにしたがって生きよとのおおせなのである。

財産とか名誉とかいう持ち物を捨てることはまだ楽だ。しかし自分自身への思いを捨てることはむずかしく、捨てたという思いをも捨て去ることはさらにむずかしい。

中国・唐時代の禅の巨匠の一人、趙州《じょうしゅう》のところへ厳陽尊者《ごんようそんじゃ》がやってきて問うた。「一物《いちもつ》不将来《ふしょうらい》の時いかん」、つまり〝全部捨ててきました。カラッポでまいりました。さらにいかなる修行がありましょうか〟というほどの意味といえようか。趙州は答えた。「放下著《ほうげじゃく》」と。〝捨ててしまえ〟というのである。「一物不将来、箇《こ》の何をか放下せん」―全部捨てては何も持っていないのに、何を捨てたらよろしいのでしょうか―と重ねて質《たず》ねてくる厳陽尊者に、「恁麼《いんも》ならばすなわち擔取《たんしゅ》し去れ」―そんなに大事なら背負っていきなされ―

と趙州は答えた。

厳陽尊者が「捨てた」ということに、「無《む》一物《いちもつ》になった」ということにこだわり、背負いつづけていることを趙州はするどく指摘したのである。

「放下著」の一句はよく出会う禅語の一つであり、「著」の字は言葉のあとにつける接尾語で、特に意味はない。文字としては「着」は「著」の省略形の俗字で同義語であるが、現在は著名人とか、著書、執著などと熟字して「あらわす」「つく」などの意味に、「着」は着物を「着る」などに使い分けている。往時はあまり区別せずに使っていたのであろう。「下着を放つ」と読んだという笑い話などもある。

往古、念仏の心を空也上人に問うたら「捨ててこそ」の一言で答えられたという。その空也上人を慕い、空也上人が市聖と呼ばれたのに対し、捨て聖《ひじり》と呼ばれるような生涯を送った一遍上人の歌に、

身をすつる
　すつる心を
　　すてつれば

おもひなき世に
　すみぞめの袖

というのがある。「捨《しゃ》」の行の深さとむずかしさを思うことである。

第五十八則　剛経軽賤

衆《しゅ》に示《しめ》して云《いわ》く、経《きょう》に依《よ》って義《ぎ》を解《げ》するは三世仏《ぜぶつ》の冤《あだ》、経《きょう》の一字《じ》を離《はな》るれば返《かえ》って魔説《ませつ》に同《おな》じ。因《いん》に収《おさ》めず果《か》に入《い》れざる底《てい》の人《ひと》、還《かえ》って業報《ごっぽう》を受《う》くるや也《ま》た無《な》しや。

挙《こ》す。金剛経《こんごうきょう》に云《いわ》く、若《も》し人《ひと》の為《た》めに軽賤《きょうせん》せられんに、是《こ》の人先《せん》世《せ》の罪業《ざいごう》ありて応《まさ》に悪道《あくどう》に堕《だ》すべきに、今世《こんせ》の人《ひと》に軽賤《きょうせん》せらるるが故《ゆえ》に、先世《せんせ》の罪業《ざいごう》即《すなわ》ち為《ため》に消滅《しょうめつ》す。

頌《じゅ》に云《いわ》く、綴綴《ていてい》たり功《こう》と過《か》と、膠膠《こうこう》たり因《いん》と果《か》と。鏡外狂奔《きょうがいきょうほん》す演若多《えんにゃた》、杖頭撃著《じょうとうげきじゃく》す破竈堕《はそうだ》。竈堕《そうだ》破《は》す、来《きた》って相賀《あいが》す。却《かえ》って道《い》う従前我《じゅうぜんわれ》に辜負《こふ》すと。

教えにしばられても教えを無視しても駄目

小学校の五年頃《ころ》のことであったろうか。師から『金剛経《こんごうきょう》』という長いお経を教えてもらった。正式には『金剛般若波羅蜜経』と題し、古来よく読まれたお経である。「如是我聞《にょぜがもん》、一時仏在《いちじぶつざい》、舎衛国《しゃえこく》、祇樹給孤独園《ぎじゅぎっこどくおん》、与大比丘衆《ようだいびくしゅ》、千二百五十人倶《ぐ》」―是の如《かくごと》く我《われ》聞く。一時《そのとき》仏舎衛国に在《いま》して、大比丘衆千二百五十人と倶《とも》なりき―で始まる一句は、今も鮮明に脳裏に刻まれている。

釈尊滅後、ただちに釈尊御一代の説法の一大編集会議が開かれ、経の部門の責任を持ったのが、釈尊のお側《そば》でつねに侍者《じしゃ》としてお仕えしていた阿難尊者《あなんそんじゃ》であった。この阿難尊者は今日のコンピューターよりもすばらしい記憶力の持ち主で、釈尊御一代の説法を一字一句もらさず頭に刻みこんでいたのである。その阿難尊者が「私はこのように聞かせていただきました」と語り始めたのが「如是我聞」である。

次に「祇樹給孤独園精舎《しょうじゃ》」とある。これは「祇園精舎の鐘の声、諸行無常の響きあり」で始まる『平家物語』の冒頭の一句で親しまれている「祇園精舎」を正式に呼んだ名前である。舎衛国の祇陀太子《ぎだたいし》の所有の樹林を、給孤独長者《ちょうじゃ》─孤独な老人や孤児を救済していたのでこう呼ばれた─が黄金を敷きつめて買い求め、釈尊のために建立したので、二人の名を冠して「祇樹給孤独園精舎」と呼ばれるようになった。

『金剛経』は中国以来多く読誦《どくじゅ》されたもののようで、エピソードも多く、師は幼い私に幾つかのエピソードをまじえながら、たのしく教えてくれた。

まずは中国でのお話。『金剛経』のことならどんなことでも知りつくしているというので「周金剛《しゅうこんごう》」と呼ばれていた徳山《とくさん》というお坊さんが旅をし、ある茶店でひと休みをし、茶店の婆《ばあ》さんに餅《もち》を注文した。婆さんが質問してきた。「貴僧《あなた》さまの背負っておられるものは何ですか？」と。徳山は傲然《ごうぜん》と「この俺《おれ》さまは世に『周金剛』と呼ばれるほど『金剛経』のことなら知らないことはない。その『金剛経』の注釈書じゃ」と云《い》いはなった。婆さんは重ねて質問した。「その『金剛経』の中に『過去心不可得《かこしんふかとく》、現在心不可得、未来心不可得』─過去の心も、現在の心も、未来の心も得ることができない─という言葉があるそうですが、貴僧はどの心でその餅を食べますか、もし私の問に答えることができなかったら餅をさしあげる訳にはいきません」と。徳山は答えに窮し、とうとう餅を食いそこなったというのである。

後にこの話を提唱中に引用された余語老師が「まごまごせず、食べりゃいいんじゃ」とおっしゃった言葉が心にのこっている。

第五十八則「剛経軽賤《ごうきょうけいせん》」は、この『金剛経』をとりあげたものである。始めの「示衆《じしゅ》」に、「経に依《よっ》て義を解するは三世仏《さんぜぶつ》の冤《あだ》、経の一字を離るれば返って魔説《ませつ》に同じ」の一句が登場する。お経の文字にくっつきすぎて動きがとれなくても、又《また》お経を無視して勝手放題をしても、仏の真意にそむく、というのである。

昔からお経は月をさす指にたとえられる。お経は月そのものではない。指に導かれて間違いのない月を見つけ、指をはなれて月と一つにならなければならないのである。

文字や理論の学びを通して、まちがいのない世界観、人生観を確立し、毎日の生活の中に具体的に実践して初めて、文字や理論の学びは生きてくるのである。たった一度の、やりなおしの出来ない私の人生を生きるに当たっての、まちがいのない生き方の指南書として説かれたものがお経なのである。

文字や理論にしばられて自在の働きができないのは、月をさす指にこだわり、指の周辺をまわっているにすぎないのであり、周金剛はその域を出ることができず、婆さんにやりこめられたといってよかろう。

乱れとぶ雲を景色とする月のように

『金剛経』にまつわる日本での逸話の一つをあげてみよう。
お盆の季節、越後の良寛さまは村人と共に盆踊りに興じ、夜遅く五合庵への帰り道、尿意をもよおし西瓜《すいか》畑で用を足していた。村人達《たち》は西瓜泥棒とまちがえ袋だたきにした。おとなしくたたかれていた良寛さまは、やおら顔をあげて「もう、ええかや」とおっしゃった。村人達は良寛さまであることを知って、あわててあやまった。良寛さまは淡々と、
打つものも

打たるるものも
もろともに
如露亦如電《にょろやくにょでん》
応作如是観《おうさにょぜかん》

と、歌をもって答えられたという。

『金剛経』の最後に「一切有為法《いっさいういほう》　如夢幻泡影《にょむげんほう》　如露亦如電　応作如是観」――一切有為の法は夢幻泡影の如《ごと》く露の如く電の如し。応《まさ》にかくの如く観ずべし――の五言四句が出て来る。その中の一句を良寛さまは歌の中に詠みこまれたのである。

第五十八則「剛経《ごうきょう》　軽賤《きょうせん》」の「本則」にはこの『金剛経』の中の「もし他人に軽んじられたりいやしめられたりされたら、前の世に罪業があって地獄に落ちるべきところを、今生でつらい思いをすることで罪が消えると思ってよろこべ（大意）」と書かれてある経文の一節が引用されている。

ここでは因果の問題と他人の毀誉褒貶《きよほうへん》をどう受けとめるかの二つの問題が提起されているといえよう。

「原因と結果は歴然としてくらますことはできない」という視点に立つのが「不昧因果《ふまいいんが》」である。しかし、科学的にも確かに一点のごまかしもきかない天地の道理としての因果の法則も、それに随順しつつも、それを越え、むしろ積極的に、それゆえに与えられた世界、展開した世界を、人生の景色とたのしんでゆくことができれば、かえってゆたかな人生となるといえるのではなかろうか。このような生き方を「不落因果《ふらくいんが》」—因果に落ちず—という。

肉体は癌《がん》にさいなまれつつ、それ故にアンテナが立ち、夫婦ともどもにあいたずさえて仏法の教えが聞け、又《また》茶の湯の道もたのしめ何事もなかった頃《ころ》よりも夫婦一層仲むつまじく、会話も深くゆたかなものになり、「病気のお蔭《かげ》とよろこんでおります」と語ってくれた知人は、まさに因果を越え、因果を積極的に人生の景色とたのしんでいるといえよう。

「八風吹けども動ぜず天辺の月」という言葉がある。八風とは、「利《り》・衰《すい》・毀《き》・誉《よ》・称《しょう》・譏《き》・苦《く》・楽《らく》」の八つ。われわれは自分の周辺に吹き荒れるこの八風に、いつもがたがたしている。もうかったといって喜び、損したといって落ちこみ、人にほめられたといって有頂天になり、馬鹿《ばか》にされたといって消沈する。

道元禅師は「恥ずべくんば明眼の人を恥ずべし」と示しておられる。つまり心ない人々の毀誉褒貶にがたがたせず、ただ明らかに心の眼の開いた人の眼をおそれ、自分を慎んでゆけ、と示されたのである。「明眼の人」とは、天地の道理を徹見し、そこに足をしっかりふまえた上で、更《さら》に一歩進め、八風に乱れ飛ぶ雲を、月をゆたかに彩るものとし、積極的に景色とたのしんでゆけたらすばらしい。おのれにきびしく生きた良寛さまにして、

いかにしてまことに
　道にかなわなん
　　千歳《ちとせ》の中の
　　　ひとひなりとも

の歌がある。「明眼の人」をおそれて生きる良寛さまなればこそ、西瓜泥棒と誤解されても淡々と「八風吹けども動ぜず」で、般若の空《くう》を説く歌一首を詠み与えることができたのである。

第六十則　鉄磨牸牛

衆《しゅ》に示《しめ》して云《いわ》く、鼻孔昂蔵《びくうこうぞう》各《おのおの》丈夫《じょうぶ》の相《そう》を具《ぐ》す。脚跟牢実《きゃくこんろうじつ》、肯《あえ》て老婆禅《ろうばぜん》を学《まな》ばんや。無巴鼻《むはび》の機関《きかん》を透得《とうとく》せば、始《はじ》めて正作家《しょうさっけ》の手段《しゅだん》を見《み》ん。且《しば》らく道《い》え誰《たれ》か是《こ》れ其《そ》の人《ひと》。

挙《こ》す。劉鉄磨《りゅうてつま》、潙山《いさん》に到《いた》る。山云《さんいわ》く、老牸牛《ろうじぎゅう》汝来《なんじきた》るや。磨云《まいわ》く、来日《らいじつ》、台山《たいざん》に大会斎《だいえさい》あり、和尚還《おしょうかえ》って去《さ》らんや。山《さん》、身《み》を放《はな》って臥《が》す。磨《ま》、便《すなわ》ち出《い》で去《さ》る。

頌《じゅ》に云《いわ》く、百戦功《せんこう》成《な》って太平《たいへい》に老《お》う、優柔誰《ゆうじゅうたれ》か肯《あえ》て苦《ねんごろ》に衡《こう》を争《あらそ》わん。玉鞭金馬《ぎょくべんきんば》、閑《かん》に日《ひ》を終《お》う、明月清風《めいげつせいふう》一生《しょう》を富《と》む。

迷いも悟りもひきつぶす鉄の磨のような尼

昭和二十三年、十五歳の春、戦火の傷跡もなまなましい名古屋の修行道場へ入堂して、早くも六十年の歳月が流れ去った。

その春、渡辺玄宗《わたなべげんしゅう》禅師が、大本山総持寺の貫主《かんしゅ》（住職）に昇られ、弟子の番清禅妙《ばんせいぜんみょう》師が侍局《じきょく》（禅師の側近にあってお仕えする役）へ入られた。番清先生はそれまで尼僧堂の講師を勤めておられたので、私の入堂とは全くすれ違ってしまったことになる。

入堂して二、三ケ月目。栄養失調やら肺浸潤やら心臓疾患やらで階段も登れないほどに体調をくずしていた私であったが、一日はおろか一朝《ひとあさ》も休もうという思いは微塵《みじん》もなく、懸命に修行していた。

たまたま数ケ月ぶりに尼僧堂を訪ねられた番清先生は私を部屋へ呼び、「不惜身命《ふしゃくしんみょう》だけでは駄目だ。この体あって仏道修行もでき、仏法を背負い、伝えることもできる。自分のために命を惜しむのではない。仏法のために命を惜しむのだ。家へ帰って病気をなおして来なさい」と、じゅんじゅんと説得された。

不惜身命の一辺倒だった私は、「そうだ！」と心の底から納得し、即日お暇をいただいて実家へ帰り、半月ほど母のもとで静養した。

「仏法のために身命を惜しめ！」の一言は天雷のように、今も私の心をゆさぶりつづけている。

十九歳で大学へ進んだ夏の一日、私は番清先生にお会いしたくて総持寺を訪ね、奥まった侍局への道を歩いていた。途中、庭で草とりをしている老僧に「番清先生は？」とお質《たずね》すると、「奥にいるよ」と云《い》われ、お部屋でしばらくお話をし、帰ろうとしたとき、「禅師さまに会っていらっしゃい」と云われ、おそるおそる禅師さまのお部屋へ伺ってびっくりぎょうてん。先程庭で草とりをしておられた老人が禅師さまだったのである。

渡辺禅師という方はそういうお方であり、侍者としてお仕えする番清先生も筋金入りの禅僧で、大本山総持寺を背負う全役寮《やくりょう》（管理職）の方々から「劉鉄磨《りゅうてつま》」と呼ばれ、畏敬《いけい》される存在であった。

劉は姓で、鉄磨は鉄の磨《うす》。迷いも悟りも、仏も凡も摧破《さいは》しつくす修行力をそなえているというので、人呼んで劉鉄磨という。中国・唐代、潙山霊祐《いさんれいゆう》の弟子で、潙山を去ること十里ほどの所に庵《いおり》を結んで住んでいたらしい。

第六十則は、この劉鉄磨と師匠の潙山との間にかわされたアッケラカンとしたやりとりである。

ある日、劉鉄磨が師匠の潙山のところへやってきた。潙山は「老《ろう》牸牛《じぎゅう》来たるや」――「やあ、婆《ばあ》さん、やってきたか」と、親しみをこめた挨拶《あいさつ》で迎え入れた。劉鉄磨は「来日《らいじつ》、台山《たいざん》に大会斎《だいえさい》あり、和尚還って去らんや」――明日、五台山で盛大な供養会が行われるが、和尚さんはそこへおいでになりますか――という問いかけで潙山の挨拶に応じた。潙山は問答無用といわぬばかりにゴロリと横になり、劉鉄磨は劉鉄磨で、用は済んだとばかりにサッサと帰っていった。

いったい何を云おうとしているのであろうか。潙山は自分のことをしばしば水牯牛《すいこぎゅう》にたとえているので、弟子の劉鉄磨を老牸牛、つまり老牝牛《めうし》と呼びかけたのであろう。禅録で牛が出てきたら仏性か悟りを意味すると受けとめればよい。

五台山は文殊菩薩《もんじゅぼさつ》霊場として古来有名なところであるが、潙山からは何千キロ、飛行機のある今の時代ならともかく、唐時代、一日や二日の行程で行けるところではない。行けないのを承知の上での劉鉄磨の問いかけはいったい何を云おうとしているのか。

それに対し、何も云わずにゴロリと横になるという形で答えた潙山の心は何か。

一人前の姿や働きを頂いて何が不足

いい日だ
つつじの花のむこうを
老人が歩いて行く
赤ん坊をおぶっている
足どりも軽やかだ
右足　左足　右足　左足

あっ　片足で立った
おっ　半ひねり
すごいなあ
　人が歩くって
私も前は
あんな見事な技を
こともなく
毎日やっていたのか

これは首から下の自由をまったく失ってしまった星野富弘さんが口に筆をくわえて描いた絵に添えた詩である。

われわれは生まれながらにして授かっているすばらしい働きに、しかもそれがなくては一日も一刻もすごせない大切な働きを十二分に授かっていることに気づかず、なくてもすむどうでもよいものに目がくらみ、欲しがり追いかけてはいないか。

二本の足があって立てる、歩ける。眼があって見え、鼻があって呼吸ができ、口があって食べたりしゃべったりできる。その一つを欠いても大変なのに、その授かりの働きのすばらしさには気づかず、金だ、名誉だ、美人になりたい、あの人が欲しい……と、なくてもすむもの、一つ間違うとかえって人生をあやまらせる材料になりかねないものを追い求めている。少し高尚になって、真実とは何か、悟りとは何かと、又《また》教えの葛藤《かっとう》の中に迷いこむ。

道元禅師はそこのところを「眼横鼻直《がんのうびちょく》」、つまり眼が横につき、鼻が縦についていることに気づけばよい。そのことのほかに仏法はない――一毫《いちごう》も仏法なし――と、入宋求法《ぐほう》から帰朝されての最初の上堂で語っておられる。

第六十則の「鉄磨牸牛《てつまじぎゅう》」の「示衆」の「鼻孔昂蔵《びくうこうぞう》、各々丈夫の相を具す。脚跟《きゃっこん》、牢実《ろうじつ》、肯《あ》えて老婆禅《ろうばぜん》を学ばんや」というのがそれであろう。

眼鼻顔立ちも立派にそなわり、二本の足もちゃんとこの体を支えて大地に立っている。十二分の働きを授かっているので、これ以上何も親切すぎる道理を学ぶ必要はない、というのである。

しかしそういう授かりの生命の働きや天地の道理は、さんざんに試行錯誤しながら問い、求め、師との間での問答往来も重ねてみないと気づかない世界、開けない世界でもある。禅門の世界では日常の何気ない挨拶《あいさつ》も、その真理追求の一言になることが多いため、学人はつねに心して師に対さねばならない。

潙山が「やあ、婆さん、来たか」の一句に対しての劉鉄磨《りゅうてつま》の「明日、台山で大供養会がありますが、和尚さん行かれますか」の対応は、まさにそれであろう。その劉鉄磨の対応を無視したかのように潙山はゴロリと横になった。何かが欲しいから、心にまだ落ちつききれないものがあるから問答往来する。

「まだ、そんな青くさい問答の名残りをひきずっているのか。わしは腹いっぱいで、何もほしくないよ」といわんばかりに横になり、劉鉄磨も一応は百戦功成った人、サッとひきあげていった。

本則に描かれている二人の一問一答を頌《じゅ》した宏智正覚《わんししょうかく》さまの言葉は、「百戦功成って太平に老う。優柔誰れかあえて苦《ねんごろ》に衡《こう》を争わん」である。真実の自己を究めんと百戦功を重ねてきたが、今はすべて止《や》み、ゆうゆうと明月清風をたのしんでいるよ、冬の日だまりで昼寝をたのしんでいるよ、というのである。

第六十一則　乾峰一画

衆《しゅ》に示《しめ》して云《いわ》く、曲説《きょくせつ》は会《え》し易《やす》し一手《しゅ》に分付《ぶんぷ》す。直説《じきせつ》は会《え》し難《がた》し十字《じ》に打開《だかい》す。君《きみ》に勧《すす》む分明《ふんみょう》に語《かた》ることを用《もち》いざれ。語《かた》り得《え》て分明《ふんみょう》なれば出《い》ずること転《うた》た難《かた》し、信《しん》ぜずんば試《こころみ》に挙《こ》す看《み》よ。

挙《こ》す。僧《そう》、乾峰《けんぽう》に問《と》う、十方《ぽう》薄伽梵《ばぎゃぼん》一路《ろ》涅槃門《ねはんもん》、未審《いぶか》し路頭《ろとう》甚麼《なん》の処《ところ》に在《あ》るや。峰《ほう》、拄杖《しゅじょう》を以《もっ》て一画《かく》して云《いわ》く、這裏《しゃり》に在《あ》り。僧《そう》挙《こ》して雲門《うんもん》に問《と》う。門云《もんいわ》く、扇子《せんす》踍跳《ぼっちょう》して三十三天《てん》に上《のぼ》り、帝釈《たいしゃく》の鼻孔《びくう》に築著《ちくじゃく》す。東海《とうかい》の鯉魚《りぎょう》打つこと一棒《ぼう》すれば、雨盆《あめぼん》の傾《かたむ》くに似《に》たり、会《え》すや会《え》すや。

頌《じゅ》に云《いわ》く、手《て》に入《い》って還《かえ》って死馬《しば》を将《もっ》て医《い》す。返魂香君《はんごんこうきみ》が危《あやう》きを起《おこ》さんと欲《ほっ》す。一期通《ごつう》身《しん》の汗《あせ》を拶出《さっしゅつ》せば、方《まさ》に信《しん》ぜん儂《のう》が家眉《いえまゆ》を惜《お》しまざることを。

教えないという親切

私の友人で料理の名人がいた。毎夏の二泊三日の禅の集いには、二百人の食事をこともなげにやってのけてくれた。ある年、一人の会員が「どうやったらあんなにおいしいお粥《かゆ》やお料理ができるか」と質問したら、友人は一言「いいかげんです」と答えた。

反対に、料理教室へ通って、砂糖何グラム、塩何グラムと習ってきた人が、習った料理を四角四面に料理することはできるが、全く応用はきかないという方がおられた。

第六十一則の「乾峰一画《けんぽういっかく》」の「示衆《じしゅ》」に、「曲説《きょくせつ》は会《え》しやすく、一手《いっしゅ》に分付《ぶんぷ》す。直説《じきせつ》は会しがたし十字に打開す。君に勧む、分明《ふんみょう》に語ることを用いざれ。語り得て分明なれば、出《い》ずること転《うた》た難《かた》し」という言葉が出てくる。

「曲説」というのは「委曲を尽くす」、つまりくわしくいろいろと比喩《ひゆ》などもまじえなが

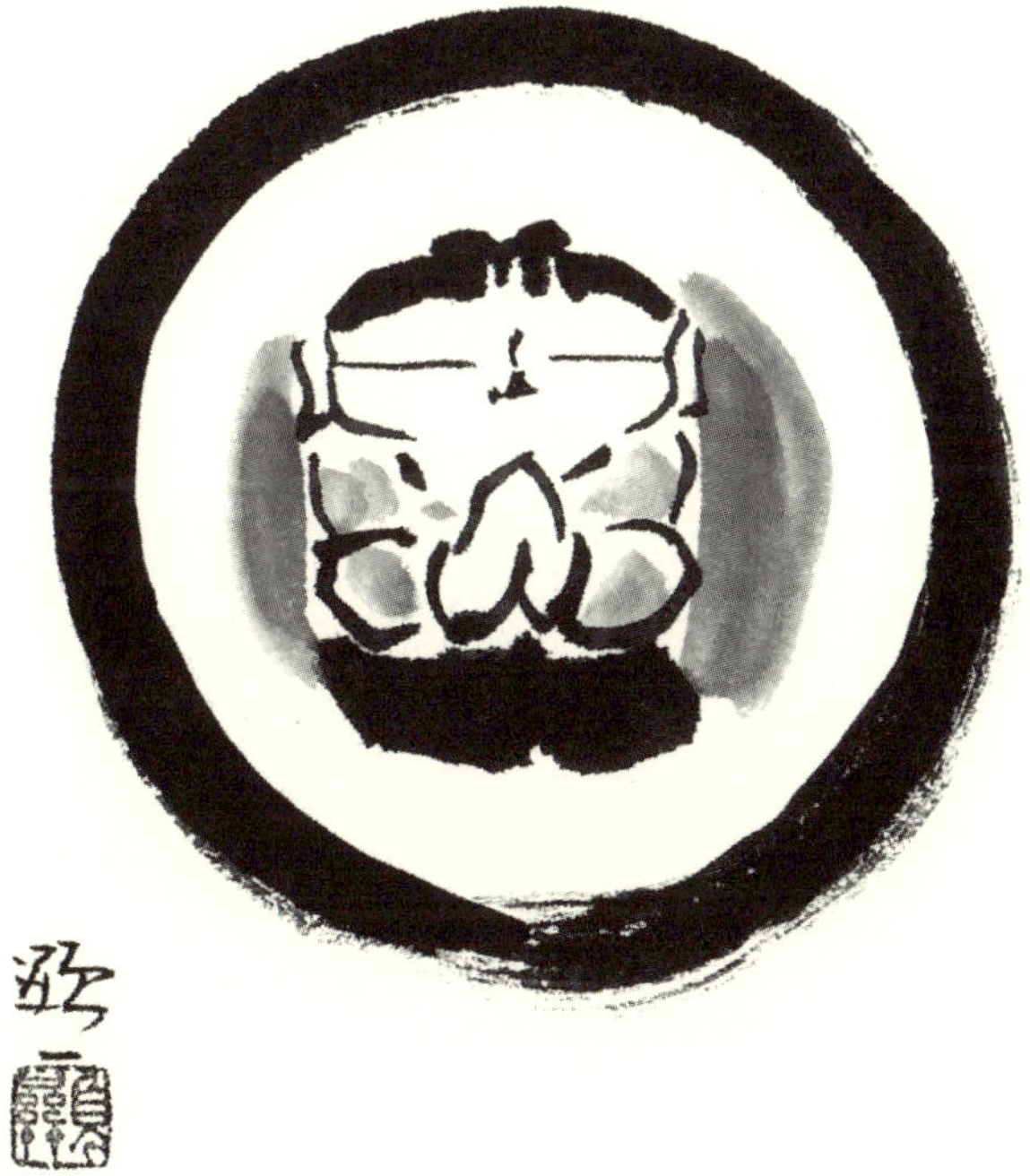

ら説明することで、そうすれば理解はしやすく、わかったような気分になる。しかしそういうのは片手にしか物を与えないことになる、というのである。

「直説」というのは単刀直入に、簡潔に、方便を用いずにぎりぎりのところを示す。たとえば「喝《かつ》！」と一喝したり、一円相《えんそう》を描いてみせるだけだったり。そういうのは理解しがたいけれど、すべてをその中に含み、語り尽くしているから、両手にあまるほどに与えていることになる。「だからあまり丁寧に説明しないほうがいいよ。そこから自由に出られなくなるから」というのである。「いいかげん」の一言には無限の幅や味わいがあるように。

洋画と日本画の上からも云《い》えるのではなかろうか。洋画は額縁の中だけがすべてで、「空白の恐怖」といって額縁の中はすべて塗りつぶす。日本画、特に墨絵は一筆で孤舟を、又《また》は空ゆく鳥を表し、いかに空白を多くするか、色彩も墨色一色にきわまる。一筆の背景の空白は何もないのではなく、天地いっぱいにつながる密度の高いものであり、墨色も一色ではなく微妙な濃淡に五彩を表そうとする。これが日本画であり、又東洋芸術の特徴である。

額縁の中を絵の具で埋める。これ曲説であり、額縁の中だけの小世界に止まる。これが一手に分付す」である。一色、一筆、花なら一輪にきわまる。これ「直説」であり、これは天地いっぱいを中に蔵し、天地いっぱいぶっつづきの躍動感を秘める。これを「十字に打開」すという。

当代楽《らく》さんの話を聞いた。初代長次郎が千利休のもとで聚楽第《じゅらくだい》において焼いたので「楽焼」と称され、伝統を相続すること四百年。当代は十五代。しかし楽家は代々、技術は絶対に教えないしきたりであり、しかも釉薬《ゆうやく》の調合表も技術解説らしき書類も一切残されていないという。小さいときからその中で空気のように吸い、肌で感じてきたそれだけで、楽代々皆全く違う。

「二代常慶《じょうけい》はバロック、三代道入《どうにゅう》はモダニズム」と「個を主体としながら、しかも伝統としてつながっているのだ」と当代は語る。まさに「語ること分明」でないから、この自由な飛躍が可能なのである。

「本則」で一人の僧が乾峰に「十方薄伽梵《じっぽうばぎゃぼん》一路涅槃門《いちろねはんもん》、いぶかし路頭《ろとう》いずれの処に在るや」―天地いっぱいどこも仏の真っ只中《ただなか》、どの路も仏の境涯に到《いた》る道だというけれど、そんな道はどこにあるか―と質《たず》ねてきた。
乾峰は持っていた杖《つえ》で一円相を描いて「這裏《しゃり》」〝ここだよ〟と答えた。『般若心経』の「波羅蜜多《はらみった》」は梵語《ぼんご》で一般には「彼岸に到る」と訳されているが、白隠禅師は「這裏」と訳された。沢木興道老師も「ここをおいてどこかへ、これを流転《るてん》という」と語られ、いついかなるときも、時は「今」、ところは「ここ」の私の生き方にきわまるといえよう。いずれも「直説」中の「直説」といえよう。

第六十二則　米胡悟不

衆《しゅ》に示《しめ》して云《いわ》く、達磨《だるま》の第《だい》一義諦《ぎたい》、梁武頭《りょうぶこうべ》迷《まよ》う。浄名《じょうみょう》の不《ふ》二法門《ほうもん》、文殊口《もんじゅくち》過《あやま》る。還《かえ》って入作《にっさ》の分有《ぶんあ》りや也《ま》た無《な》しや。

挙《こ》す。米胡《べいこ》、僧《そう》をして仰山《ぎょうざん》に問《と》わしむ。今時《こんじ》の人還《ひとかえ》って悟《ご》を仮《か》るや否《いな》や。山云《さんいわ》く、悟《ご》は即《すなわ》ち無《な》きにはあらず、第《だい》二頭《とう》に落《おっ》ることを争奈何《いかんせ》ん。僧廻《そうかえ》って米胡《べいこ》に挙似《こじ》す。胡深《こふか》く之《これ》を肯《うけが》う。

頌《じゅ》に云《いわ》く、第《だい》二頭《とう》、悟《ご》を分《わか》って迷《めい》を破《やぶ》る、快《まさ》に須《すべから》く手《て》を撒《さっ》して筌罤《せんてい》を捨《す》つべし。功未《こういま》だ尽《つ》きざれば駢拇《べんぼ》となる、智《ち》や知《し》り難《がた》し噬臍《ぜいせい》を覚《おぼ》ゆ。兎老《うさぎお》いて氷盤《ひょうばん》秋露泣《しゅうろな》く、鳥寒《とりさむ》うして玉樹暁風凄《ぎょくじゅぎょうふうせい》たり。持《じ》し来《きた》って大仰真仮《たいぎょうしんけ》を弁《べん》ず痕玷《こんてん》全《まった》く無《の》うして白珪《はくけい》を貴《たっと》ぶ。

悟らねばならぬ。悟りに坐りこみ振りまわしてもならぬ

「柿」 榎本栄一

私がコンナニ赤あかと
自分のちからだけで
　　なれません
天地さまのご助力

ここで榎本さんが「天地さま」と呼びかけている働きを仏と呼ぶ。天地総力をあげてのお働きをいただいて、地上の一切のものは存在する。その意味で、生命の尊さにおいてはすべてが、人類ばかりではない草木も動物も絶対平等である。しかしその働きによって赤くなることができ、眠ることもできるという自覚は、柿や犬・猫に

はなかろう。その働きをいただいて眠ることも食べることも、呼吸をすることも、生老病死のすべてがその働きのお蔭《かげ》であり、その働きの只中《ただなか》に生かされているのだということを、自覚することができる能力を授かっているのは人間だけだという。

しかし、自覚する力を授かっている人間として生まれてきても、その生命の尊さを説いてくれる師の教えに出会うことができず、気づかないと、その尊い生命を、自分の生命も他人の生命も弊履《へいり》のように軽んじ、傷つけてかえりみない。

そこのところを道元禅師は「人々の分上にゆたかにそなわれりといえども、いまだ修せざるにはあらわれず、証せざるには得ることなし」（正法眼蔵・辨道話）——すべての人は初めから天地いっぱいのすばらしい生命を授かっているのだけれどそのことを先達の方々に問い、究め、自分のものとしてよくよく納得しなければ、その働きを発揮することができない——と示しておられる。

更《さら》に一歩進めて「参学眼力の及ぶばかりを、見取会取するなり」——気づかねばならないけれど、気づきは自分の持ちあわせている貧しい寸法の範囲でしか受けとめることができない——たとえば天地の働きを百とすれば、持ちあわせのモノサシが一なら一しか気づけないということを知らねばならない、とおおせられる。

悟らにゃならない。気づかねばならない。しかし悟りはほんの一分と否定し、限りなくその悟りを超え、深まってゆかねばならない。ましてその悟りに、〝俺は悟った！〟と腰をおろしてもいけないし、悟りをふりまわし、高慢になってもいけない、と示誡《じかい》される。

達磨《だるま》大師が中国に禅を伝え、中国での六代目を継がれた慧能《えのう》禅師が弟子の南嶽《なんがく》に「還《かえ》って修証《しゅしょう》を仮《かる》や」と問うたのに対し、南獄は「修証は無きにあらず。染汚《ぜんな》することを得《え》じ」と答えている。修行をして悟り（証）を得るということはある。しかしそれに染汚してはならない。執してはならない、というのである。結果（証）を期待せず、ただやれ（修）というのである。

第六十二則「米胡悟不《べいこごふ》」では「今時《こんじ》の人、還って悟りを仮るや」—悟りを必要とするか—という米胡の質問に対し、仰山《ぎょうざん》が「悟りは無きにあらず、第二頭に落つることをいかんせん」—悟りは無いわけではないが、それに執することにより、第二義第三義に落としてしまうことを、どうしたものか—と答えている。南嶽が「修証は無きにあらず染汚することを得じ」の「染汚」を「第二頭に落つる」と云いかえたと受けとってもよかろう。

曽《かつ》てある禅寺で、肩を張り、悟りすましておられるお師家《しけ》さまに出会った。〝肩の力を抜き、楽にされたらいかがでしょう〟と内心思ったことである。又《また》ある会合で一人の求道者が、悟り終えたと自称する師家のご乱行ぶりを歎《なげ》く言葉を聞いた。いずれも「染汚」の姿といえよう。

諺《ことわざ》にも「味噌《みそ》の味噌くさきは上味噌にあらず」とあるように、酒も最上等は酒くさくなく水のようにサラリとしているように、何の痕跡もとどめない、それが本物というのであろう。「頌《じゅ》」に「痕玷《こんてん》全く無うして白珪《はくけい》を貴ぶ」とある一句の心がそれであろう。

第六十三則　趙州問死

衆《しゅ》に示《しめ》して云《いわ》く、三聖《しょう》と雪峰《せっぽう》とは春蘭秋菊《しゅんらんしゅうきく》なり。趙州《じょうしゅう》と投子《とうす》とは卞璧燕金《べんぺきえんきん》なり。無《む》星秤上両頭平《せいひょうじょうりょうとうたいら》かなり。没底舡中一処《もっていこうちゅうしょ》に渡《わた》る。二人相見《にんしょうけん》の時如何《ときいかん》。

挙《こ》す。趙州《じょうしゅう》、投子《とうす》に問《と》う、大死底《だいしてい》の人却《ひとかえ》って活《かつ》する時如何《ときいかん》。子云《すいわ》く、夜行《やこう》を許《ゆる》さず明《めい》に投《とう》じて須《すべから》く到《いた》るべし。

頌《じゅ》に云《いわ》く、芥城劫石妙《けじょうこうせきみょう》に初《はじめ》を究《きわ》む、活眼環中廓虚《かつがんかんちゅうかっきょ》を照《てら》す。夜行《やこう》を許《ゆる》さず暁《あかつき》に投《とう》じて到《いた》る、家音未《かいんいま》だ肯《あえ》て鴻魚《こうぎょ》に付《ふ》せず。

死にきらねば生きた働きはできない

唐代の禅の巨匠の一人、趙州従諗《じょうしゅうじゅうしん》禅師は百二十歳までお元気で、仏法を宣揚されたと伝えられている。その趙州が百三歳のとき大同《だいどう》禅師を訪ねられた。投子《とうす》山の近くの路上でそれらしいお方に出会ったので「投子山主《さんしゅ》さまではありませんか」と質《たず》ねると、それには答えず、「わしはこれから町へ買い物にゆくところじゃが、その銭を布施して下さらんか」といって、サッサと町の方へ去っていった。趙州は趙州でサッサと投子山へ行き、庵《いおり》にあがりこんで投子の帰りを待った。

ほどなく投子は油壷《つぼ》をさげて帰って来た。枯淡な生活に徹しておられた投子は、自分で油を作って売り、生活の資としておられたのである。その様子を見て趙州は云《い》った。

「久しく投子とひびく。到《いた》り来るに箇の売油翁《ばいゆおう》を見る」—久しく投子和尚の雄名を伝え聞いて訪ねて来てみたら、ただの油売りの坊主じゃないか—と。

投子は答えた。「汝《なんじ》ただ売油翁を見て、且《か》つ投子を知らず」―油売りの姿しか見ていなくて、真のわしの姿が見えていない―

そこで趙州が改めて「いかなるかこれ投子」―貴僧《あなた》の真面目は何か―と問うたのに対し、投子は油壷をヌッとつき出して「油や油、油はいらんかね」と、油売りの翁になりきって見せたという。

投子は趙州より四十一歳若いので、このとき六十二歳ということになる。この初相見《しょそうけん》の問答往来があって六十三則の本則に登場する問答に入ってゆくのである。

趙州、投子に問う。

「大死底《だいしてい》の人、かえって活する時、如何《いかん》」

投子云く「夜行《やこう》を許さず。明《めい》に投じて、すべからく到るべし」

一問一答の簡潔なやりとりである。

趙州の「大死底の人かえって活する時」というのは〝私が私がという思いを徹底捨てる(死にきる)ことができたとき、ほんとうの仕事もでき、活《い》き活きとした人生を送ることもできる〟というのである。

投子の「夜行を許さず明に投じて須《すべか》らく到るべし」というのは〝暗い夜に行かず、明るくなって行け〟というのである。趙州の云う「大死底の人」、死に切った世界を夜にたとえ、そこから活きかえって活溌々地《かっぱつぱっち》の働きをするさまを、明るい昼にたとえたのである。

人間の是非善悪のモノサシを一度死に切らせた上で、そこから立ちあがり、自在の働きに出ることを、夜の暗と昼の明にたとえて語ったまでのことで、結局は二人とも同じことを別の表現で語りあい確かめあったといえるのではなかろうか。

昔からよく云われてきた言葉に「大死一番大活現成《だいいかつげんじょう》」というのがある。一般には〝死んだつもりでやれ〟とか〝死線を越えて来た人〟などと云われるのがそれにあたろう。

野村証券の中興の祖である奥村綱雄氏は「人間が一人前になるには1浪人、2投獄、3大病のいずれかの関所を経よ」と語っているという。考えてみたら、私が生涯の指針としている歌や詩のほとんどが、死刑囚か癌《がん》の宣告を受けた人々のものである。

癌は

私の見直し人生の

ヨーイドンの

癌でした。

私、今、出発します。

これは癌の転移のため四十七歳で生涯を閉じた鈴木章子《あや》さんの最期の詩である。死を見据える眼が深いほど、生かされている生命の尊さに気づくことができ、どう生きるべきかも見えてくる。死は終着点ではなく出発点だという。更《さら》に「人生はやり直しはできないが見直し出直すことはできる。癌のお蔭《かげ》で生命の尊さに気づき、どう生きるべきかを知ることができた。よし、出直しの人生に出発しよう」というのである。

死にきった世界から人生をふりかえってみる。自分の人生の外から、客観的に自分の人生を展望することができたとき、ほんとうの姿、あるべきようが見えてくる、と云いかえることもできよう。

第六十四則　子昭承嗣

衆《しゅ》に示《しめ》して云《いわ》く、韶陽親《じょうようした》しく睦州《ぼくしゅう》に見《まみ》えて香《こう》を雪老《せつろう》に拈《ねん》ず、投子《とうす》面《まのあた》り円鑑《えんかん》に承《う》けて法《ほう》を大陽《たいよう》に嗣《つ》ぐ、珊瑚《さんご》枝上《しじょう》に玉花《ぎょくか》開《ひら》き、薝蔔林中《せんぷくりんちゅう》に金《きん》果熟《かじゅく》す。且《しば》らく道《い》え如何《いかん》が造化《ぞうか》し来《きた》らん。

挙《こ》す。子昭首座《ししょうしゅそ》、法眼《ほうげん》に問《と》う、和尚開堂何人《おしょうかいどうなんびと》に承嗣《じょうし》するや。眼云《げんいわ》く、地蔵《じぞう》。昭云《しょういわ》く、太《はなは》だ長慶先師《ちょうけいせんし》に辜負《こふ》す。眼云《げんいわ》く、某甲長慶《それがしちょうけい》の一転語《てんご》を会《え》せず。昭云《しょういわ》く、何《なん》ぞ問《と》わざる。眼云《げんいわ》く、万象之中独露身《ばんぞうしちゅうどくろしん》、意作麼生《いそもさん》。昭乃《しょうすなわ》ち拂子《ほっす》を竪起《じゅき》す。眼云《げんいわ》く、此《これ》は是《こ》れ長慶《ちょうけい》の処《ところ》に学得《がくとく》する底《てい》なり、首座分上作麼生《しゅそぶんじょうそもさん》。昭無語《しょうむご》。眼云《げんいわ》く、只《た》だ万象之中独露《ばんぞうしちゅうどくろ》身《しん》というが如《ごと》きは是《こ》れ万象《ばんぞう》を撥《はら》うか万象《ばんぞう》を撥《はら》わざるか。昭云《しょういわ》く、撥《はら》わず。眼云《げんいわ》く両箇《りょうこ》。参随《さんずい》の左右皆撥《さゆうみなはら》うと云《い》う。眼云《げんいわ》く、万象之中独《ばんぞうしちゅうどく》露身《ろしん》、聻《にい》。

頌《じゅ》に云《いわ》く、念《ねん》を離《はな》れて仏《ほとけ》を見《み》、塵《ちり》を破《やぶ》って経《きょう》を出《いだ》す。現成《げんじょう》の家法《かほう》、誰《たれ》か門庭《もんてい》を立《りっ》せん。月《つき》は舟《ふね》を逐《お》うて江練《こうれん》の浄《きよ》きに行《ゆ》き、春《はる》は草《くさ》に随《したが》って焼痕《しょうこん》の青《あお》きに上《のぼ》る。撥《はつ》と不撥《ふはつ》と、聴《き》くこと叮嚀《ていねい》にせよ。三徑荒《けいこう》に就《つい》て帰《かえ》ること便《すなわ》ち得《え》たり、旧時《きゅうじ》の松菊尚芳馨《しょうきくなおほうけい》。

人情に流されず人を択べ

「貸し家と唐様《からよう》に書く三代目」という川柳がある。初代は苦労して零から築きあげ、二代目はその初代の苦労を眼《ま》のあたりに見、あるいは共に歩んだ年月があるから心して勤める。三代目は初代の苦労は知らず、豊かな中で教育だけは十分に受けて育ったから、文字は篆《てん》書《しょ》や隷書《れいしょ》のような洒落《しゃれ》た唐様の書体で書ける。しかしお坊ちゃん育ちで、生活能力も、まして家業なり会社なりを経営してゆく能力もなく、困難を乗りこえてゆく強靱《きょうじん》な意志にも欠けるから、家業は傾き、「貸家」として売り出さねばならなくなってしまうというありさまを、みごとに風刺した川柳といえよう。

平安末、鎌倉初期に天台座主となった慈円《じえん》の言葉に「治まれる世は官、人を求む。乱れる世は人、官を求む」というのがあるという。力量のある相応の人を得て、国も、家も会社も治まり繁栄してゆく。親子の人情や恩義のしがらみに流され、しばられて、ふさわしくない人を択《えら》んでしまったら、国は乱れ家も会社も傾くことになろう。

まして仏法という、古今を貫く天地いっぱいの真理、道理を相続してゆくのに、人情は仇《あだ》。命がけの思いで師とすべき人を択ぶ、又《また》師は法を相続すべき弟子を択び、育て、そして相続してきたからこそ、釈尊の仏法は二千五百年の今日まで連綿と光芒《こうぼう》をはなちつづけてきたのである。

第六十四則「子昭承嗣《ししょうしょうじ》」では、この法の相続の問題をとりあげている。法眼文益《ほうげんぶんえき》（八八五—九五八）が、崇寿寺《そうじゅじ》に晋山開堂《しんさんかいどう》する（住職になる式）というので、その昔、長慶《ちょうけい》和尚のもとで共に修行していた子昭が、随行の雲水達《たち》を連れてやってきた。

晋山式には今日でも禅門では古式通りに、新住職は本堂の須弥壇《しゅみだん》上に登り三香《さんこう》を焚《た》く。最初の香を炉中に焚いて仏教の教主釈尊や曹洞宗開祖の道元禅師、瑩山禅師への報恩とし兼ねて世界平和を祈念する。二番目の香は、その寺を開闢《かいびゃく》した方、更《さら》には歴代の住職方への供養とし、三番目の香は嗣承香《しじょうこう》といって、自分が法を嗣《つ》ぐことを許された師匠の名をよみあげて報恩のまことを捧《ささ》げる。

子昭は法眼に「嗣承香は誰に献ずるのじゃ」と質《たず》ねる。法眼は答える。「地蔵桂琛《けいちん》」と。子昭はおもしろくない。「貴僧は長慶にお世話になっていながらその法を嗣がず、地蔵桂琛の法を嗣ぐとは、長慶に申し訳ないではないか」とその忘恩を責めた。そこで法眼は「私は長慶和尚のもとで修行をしていた当時、長慶和尚の説くところがわからなかったのだ」と、人情で責めてきた子昭に対し、仏法を会得しえたか否かの次元へと話を展開していった。

「長慶の説くところがわからなかった」という法眼に対して、子昭が「私に質ねればよかったのに」と、大きな態度に出た。そこで法眼は、長慶が常に説いていた「『万象之中独《ばんしょうしちゅうどく》露身《ろしん》』の一句をどう受けとめるか」と質問すると、子昭は長慶の真似《まね》をして払子《ほっす》を立てて見せた。すかさず法眼は「そんな長慶師匠の真似をしても貴僧の答えにはなっておらん。貴僧自身の内から湧《わ》き出す答えを聞きたい」と厳しく追求するのに対し子昭は答えることができない。

そこで法眼は救いの手をさしのべて「具体的姿を持った森羅万象の中に独露身、つまり仏性を見るのか、森羅万象の他《ほか》に仏性を求めようとするのか」と重ねて質問したのに対し、子昭は「万象の中に」と答える。子昭の答えが不合格とみるや随行の雲水達は子昭を応援しようとして「万象の外に」と口々に叫び、法眼はどちらも「二兎《にと》にわたっている」と否定し、「森羅万象の中でも外でもない。森羅万象がそのまま仏性の当体、一つじゃ」と示したのである。私の中に仏性があるのでもなく、私の外に仏性があるのでもなく、私の全体がそのまま仏性の全体なんだというのである。

法も国も人を得て興る

果樹や野菜や草花などを育てるにさえ、まずは土づくり、次に種をおろし、苗づくりに心をこめ、やがて開花し、実を結ぶ、この過程のどの一点をおろそかにしても、収穫の秋を迎えることはできないであろう。一人の人間を育てる上においても、土である家庭や両親の生き方、その中で苗は育ち、やがてそこを巣立って人生や技術や学問などの師ともすべき人を訪ね、開花、結実へと進む。その間一人の師で済む人と、何人かによる人といろいろあろう。

「三登投子《さんとうとうす》、九至洞山《きゅうしとうざん》」という言葉がある。雪峰義存禅師《せっぽうぎそんぜんじ》は三度まで投子大同《だいどう》禅師の門をたたき、その会下で修行し、洞山良价《りょうかい》禅師の膝下《しっか》では九回の安居《あんご》を重ねられた（三カ月を一つの修行期間として、これを安居と呼ぶ）。綿密な洞山大師の宗風を慕い、その会下で長い修行の年月をすごしたが機縁契わず、法は徳山宣鑑《とくさんせんかん》禅師に嗣《つ》いだのである。

第六十四則「子昭承嗣《ししょうじょうし》」の「示衆《じしゅ》」には、二つの嗣法《しほう》の姿が登場する。

一つは雲門文偃《うんもんぶんえん》の嗣法について。雲門は修行時代、睦州《ぼくしゅう》を訪ねる。門を押して入ろうとするとピシャッと門を閉めてしまう。何回でも。そこで雲門は考えて、足を踏みこんでしまえば閉めないであろうと、間髪を入れず足を門の中へ踏み入れた。それでも睦州は容赦なく門を閉めたので、足の骨を折ってしまった。そういう手荒な説得を受け、ついに悟りを開くことができた。しかし晋山上堂《しんさんじょうどう》のおりの師匠への報恩香は雪峰に献じた。つまり睦州のもとで法を悟り、花を開かせ、雪峰の会下で実を結び、法を嗣いだ、というのである。

もう一つは、投子義青《ぎせい》の嗣法について。投子義青は臨済宗の浮山法遠《ふざんほうおん》のもとで修行して大事《だいじ》を了畢《りょうひつ》し、浮山法遠の依嘱を受け、曹洞宗の大陽警玄《たいようきょうげん》の法を嗣いだのである。

曹洞宗の系脈で釈尊より四十三代目の大陽警玄は西暦九四三年から一〇二七年まで生きた方で、八十七歳で没している。四十四代を嗣いだ投子義青は西暦一〇三二年生まれであるから、大陽が没して五年目に生まれたことになり、直接に師と弟子が出会っての法の相続はあり得ない。そこを師の大陽に代わって法をあずかり、相続の労をとってくれたのが浮山法遠（九九一―一〇六七）である。浮山法遠は大陽警玄のもとでも修行し、その力量により、法を嗣がせようとしたが、浮山法遠はすでにそのとき臨済の系列に入る、枯淡にしてきわめて厳格な葉県《せっけん》の帰省《きす》禅師のもとで修行し、嗣法も済んでいたのである。何人かの師について修行することはできても、嗣法は一人の師からしかできないので、その旨を告げてことわった。そこで大陽は浮山に依嘱して「私はすでに老齢で、残念ながら弟子達《たち》が先に逝《いっ》てしまった。貴僧に伝法の証《あかし》としての衣鉢《えはつ》（お袈裟《けさ》や応量器《おうりょうき》）をあずけるから、貴僧の眼鏡にかなったものが出たら、私に代わって法を相続し、この伝法の証しの品を渡してもらいたい」とたのんだ。浮山はこの大陽との約束を守り、投子を育て法を相続し、曹洞宗の命脈を保たせたというのである。浮山は円鑑《えんかん》禅師と贈り名された。「示衆」の中の「投子まのあたり円鑑に承《う》けて、法を大陽に嗣ぐ」というのはその辺の消息を語ったものである。

古来「法は人によって興る」といわれ道元禅師も「国に賢者一人出《い》で来たればその国興る。愚人一人出で来たれば先賢のあと廃るなり」と示しておられる。仏法も国も、そして一つの家や事業さえも、興廃は人を得ることができたか否かにかかるといえよう。

日本の仏教、そして寺のありようも、親子等の人情に流されず、どこまでも法を重くし法を担う人を重くしてゆかねば、と思うことである。

第六十五則　首山新婦

衆《しゅ》に示《しめ》して云《いわ》く、吒吒沙沙《たたささ》、剝剝落落《はくはくらくらく》、刁刁蹶蹶《ちょうちょうけつけつ》、漫漫汗汗《まんまんかんかん》、咬嚼《こうじゃく》す可《べ》きこと没《な》く、近傍《きんぼう》を為《な》し難《がた》し。且《しば》らく道《い》え是《こ》れ甚麼《なん》の話《わ》ぞ。

挙《こ》す。僧《そう》、首山《しゅざん》に問《と》う、如何《いか》なるか是《こ》れ仏《ほとけ》。山云《さんいわ》く、新婦驢《しんぷろ》に騎《の》ればば阿家牽《あこひ》く。

頌《じゅ》に云《いわ》く、新婦驢《しんぷろ》に騎《の》れば阿家牽《あこひ》く、体段《たいだん》の風流自然《ふうりゅうじねん》を得《え》たり。笑《わら》うに堪《た》えたり顰《ひん》に斅《なら》う隣舎《りんしゃ》の女《じょ》、人《ひと》に向《むか》って醜《しゅう》を添《そ》えて妍《けん》を成《な》さず。

新嫁が驢馬にのり姑が牽く

遠い日のこと、年頭の御挨拶《ごあいさつ》を兼ね、永平寺の監院《かんにん》を勤めておられた加藤黙堂《もくどう》老師を御自坊にお訪ねしたことがある。玄関で案内を乞《こ》うと、老師は昨夜お山（永平寺）から御帰山され、御在宅の由、お茶室へどうぞとのこと。老師は茶道界でも名の知れた数奇者《すきしゃ》。

恐縮しながら席入りさせていただき、床の間にすすむ。床には沢庵《たくあん》禅師を筆頭に、玉《ぎょく》室《しつ》和尚、春屋《しゅんおく》和尚の三禅師の寄せ書きの墨蹟《ぼくせき》が掛けられ、青竹の花入れに入れられたしだれ柳は、おおらかな曲線を描き、根元には紅白の椿《つばき》が露にぬれていた。炉の釜はほどよい松風を通わせ、台子《だいす》にはその年の勅題に因《ちなん》だお道具がみごとに飾りつけられ、二人分の座布団の横には手あぶりまで添えられてあった。茶事《ちゃじ》を予定して客を招いてもこれまでと、ほとほと感じ入っていると、しずかに茶道口が開き、白無垢《むく》の綿入れ姿の老師が、満面に笑みをたたえて入って来られた。「昨夜ひさびさにお山から帰り、今日一日、釜をかけてたのしもうと思っておりました。ちょうどよいところへ来て下さいました。お忙しくてご迷惑でしょうが、しばらくお相手をしていって下さい」とのお言葉。

半東《はんとう》（手伝い）も使わずに御自らのお點前《てまえ》での一服を、心して心してちょうだいさせていただき、おそるおそるながら「老師さま、御自服《ごじふく》（自分で點《た》てて自分で飲む）で召しあがっていただくか、それとも、上手にお點てできませんが、私が替わって點てさせていただきましょうか」とお質《たずね》した。老師さまは「うれしいですね。點てていただきましょう」とおっしゃり、主客の座を交代して、點てさせていただいた。

ほんとうのお茶らしきお茶、初釜らしき初釜に逢《あわ》せていただいた遠き日の新春のひとときが、今に至るまで私の人生の暦の中で、ひときわ光芒《こうぼう》を放っている。

臨済宗の祖となった臨済義玄《ぎげん》の言葉に「賓主歴然《ひんじゅれきねん》」というのがあり、それに対応する言葉として「賓主互換」（『碧巌録《へきがんろく》』）又《また》は「不立賓主《ふりゅう》」という言葉がある。主人はどこまでも主人であり、客はどこまでも客であって、お互いがゆずることのない厳然たる存在である一面を語った言葉が「賓主歴然」である。主人が主人の座を脱《ぬ》け出し、客が客の座を脱け出し、時に主となり客となり、それぞれの座にこだわらず任運自在の働きをするのを

「賓主互換」又は「不立賓主」と呼ぶ。

東京にいた頃《ころ》、私がお世話になっていた寺で、その時の両本山の禅師級の方々をお招きして茶事を催したことがあった。宗教の世界では最高峰の方々ではあるが、お茶のことはあまりご存じない。そこで茶の方では弟子の分際の私がお詰《つめ》（末客）に入り、茶事の流れや、主客の応待などについて説明しながら、お世話を申し上げた。亭主はその寺の住職であると同時に、私の茶の師匠でもある。

師と弟子の私との呼吸のあい具合を見て、そのときの客の一人が、「『新婦驢《ろ》に騎《の》れば、阿《あ》家牽《こひく》』の消息ですな」とほめて下さった言葉を今も忘れない。

第六十五則「首山新婦《しゅざんしんぷ》」では、「如何《いか》なるか是《これ》仏」いう一人の僧の質問に対し、首山省《しょう》念《ねん》が、「新婦驢に騎れば阿家牽く」と答えた一問一答が紹介されている。新嫁が驢馬《ろば》にのり、姑《しゅうとめ》が驢馬の手綱をとってひいているというのである。

常識的には、姑を驢馬にのせ、新嫁が手綱をもつというものであろう。そんなことは一向に心にかけず、時と場合によっては嫁を馬にのせ、姑がハイ、ドウドウと手綱をひくというのである。主人公の座に座って客の応待もすれば、庭の草取りも、時には買い物にも走るというのである。「オレサマハ」という思いがあると自在の働きはできない。人間のモノサシや、世間的常識にしばられず、自由無礙の働きができる、それが仏の姿だというのである。

背比べせず、私が私におちつき私の花を咲かせよ

先日、一人の知人を訪ねた。おむかいの家で飼っている赤犬とシェパードが、しきりに尻尾《しっぽ》をふりながら哭《ない》ている。私は、金沢で呉服商をしていたSさんの言葉を思い出し、知人に語った。

「わたしの叔父はおもしろい人でしてね。友人に船大工がいるんですよ。その船大工が息子に嫁をもらうことになったんです。船をつくることしか知らないこの友人は、叔父をたずね、『どういう姿勢で息子の嫁を迎えたらいいか』と相談に来られたという。叔父は『赤犬がシェパードの真似《まね》しても長もちせんぞ。赤犬は赤犬のまんまで迎えりゃええがや』

と語ったというんですよ」

加賀門徒（加賀の浄土真宗の深い信心を持った人々）の代表といってもよいSさんの言葉に耳を傾けながら、私も思いつくままをしゃべった。「赤犬よりシェパードのほうが上等だという価値の序列は人間が勝手につけたもので、本来比較できるものではないのにね。自分でつくった値段表でみずからをしばって動きがとれない、というのがわたしたちの姿です。仏さまの目から見たら、赤犬は赤犬で百点満点、シェパードはシェパードで百点満点。自分の授かりの姿におちつくことが仏教でいう安心《あんじん》なのでしょうが、もっともむずかしいことでしょうね」

語りながら更《さら》に私は相田みつをさんの詩を思いおこした。

トマトがトマトであるかぎり
それはほんもの
トマトをメロンに
みせようとするから
にせものになる

トマトよりメロンのほうが上等と勝手に序列をつくり、自分はトマトなんだという劣等感と、トマトなんだけれどメロンに見せたいという〝わが身かわいい思い〟から背伸びする。肩に力を入れる。その意識過剰がじゃまをし、自由な動きがとれず、トマトの働きさえも発揮できないままに疲れはて、もっとみじめな結果を招く。それがわれわれのとかくの姿である。

自分のはからいを捨てて、トマトがトマトにおちつく。それは向上するのをあきらめて居直るのとはちがう。比較を絶して、天地いっぱいに生かされている命であるわたし、ふたつとない命であるわたしにおちつくということである。

「首山新婦《しゅざんしんぷ》」の頌《じゅ》には、おもしろい話が登場する。

中国古代の歴史に登場する絶世の美人の一人に西施《せいし》がいる。西施が胸を病んで顔をしかめると、一層に美しかったという。それを見た里の醜女たちが、争って顔をしかめ、ますます見るに堪えない顔となったという。その故事をとりあげ、宏智正覚《わんししょうかく》禅師は「笑うに堪えたり顰《ひん》を斅《なら》う隣舎《りんしゃ》の女。人に向って醜を添えて妍《けん》を成さず」と頌しておられる。

柄にない人真似をして、かえってみにくさを増すような愚をしてはならない。スミレはスミレ、バラはバラで満点。スミレが自分をつまらないと思い、バラの真似をして、スミレの花さえも咲かすことができないような愚を犯してはならない。

妍とか醜とかいって比べるところが人間のモノサシ。人間のつまらない価値判断に左右されず、天地の授かりの姿に安住し、授かりの働きを、せいいっぱい咲かせよ、輝かせよと語りかけているのが、この頌の一節の心であろう。

第六十六則　九峰頭尾

衆《しゅ》に示《しめ》して云《いわ》く、神通妙用底《じんづうみょうゆうてい》も脚《あし》を放《はな》ち下《くだ》さず、忘縁絶慮底《ぼうえんぜつりょてい》も脚《あし》を擡《もた》げ起《おこ》さず。謂《いっ》つべし有時《あるとき》は走殺《そうさい》し有時《あるとき》は坐殺《ざさい》すと。如何《いかん》が恰好《かっこう》し去《さ》ることを得《え》ん。

挙《こ》す。僧《そう》、九峰《きゅうほう》に問《と》う、如何《いか》なるか是《こ》れ頭《ず》。峰云《ほういわ》く、眼《まなこ》を開《ひら》いて暁《あかつき》を覚《おぼ》えず。僧云《そういわ》く、如何《いか》なるか是《こ》れ尾《び》。峰云《ほういわ》く、万年《まんねん》の牀《ゆか》に坐《ざ》せず。僧云《そういわ》く、頭有《ずあ》って尾《び》なき時如何《ときいかん》。峰云《ほういわ》く、終《つい》に是《こ》れ貴《たっと》からず。僧《そう》云《いわ》く、尾有《びあ》って頭無《ずな》き時如何《ときいかん》。峰云《ほういわ》く、飽《あ》くと雖《いえど》も力《ちから》なし。僧云《そういわ》く、直《じき》に頭尾相称《ずびあいかな》うことを得《う》る時如何《ときいかん》。峰云《ほういわ》く、児孫《じそん》力《ちから》を得《え》て室内《しつない》知《し》らず。

頌《じゅ》に云《いわ》く、規《き》には円《まどか》に矩《く》には方《けた》なり、用《もち》ゆれば行《おこな》い舎《すつ》れば蔵《かく》る。鈍躓《どんち》蘆《あし》に棲《す》むの鳥《とり》、進《しん》退藩《たいまがき》に触《ふ》るるの羊《ひつじ》。人家《にんけ》の飯《はん》を喫《きっ》して自家《じか》の牀《しょう》に臥《が》す。雲騰《くものぼ》って雨《あめ》を致《いた》し、露結《つゆむす》んで霜《しも》と為《な》る。玉線相投《ぎょくせんあいとう》じて針鼻《しんぴ》を透《とお》り、錦糸《きんし》断《た》えず梭腸《さちょう》より吐《は》く。石女《せきじょ》機《き》停《や》んで夜色《やしょく》午《ご》に向《むか》う、木人路転《ぼくじんみちてん》じて月影《げつえい》央《なかば》を移《うつ》す。

学びと実践は車の両輪

ある講演会場で金春《こんぱる》流の能の家元と御一緒したことがある。私が控え室へ入ったとき、すでに家元は黒紋付に袴《はかま》の姿で端然とお座りになっておられた。初対面の挨拶《あいさつ》がすむや否や、家元は真摯《しんし》な姿で質問して来られた。

「私は若い頃《ころ》から禅に関心を持ち、坐禅もしたい、お話も聞きたいと思いつつ、家元修行に忙しく、その機会を逸してしまいました。いったい禅とは何でしょう。禅と生活とはどういう関係にあるのでしょうか」と。

私は例えをもってお答えした。

「坐禅には悟ることを目的とする狭義の禅と、生かされている生命の真実に帰り、そこに姿勢を正し、その生き方で一日二十四時間、そして一生を生きる、という広義の禅とがあり、道元禅師の禅は後者の方といえましょう。例えば家元さんが一曲の能を演じられる。一曲の能の中の一部分だけをていねいに舞えばよいというものではありませんでしょう。一歩舞台に上られたら、どの一歩もどの一手もどの一声もおろそかにせず、あるべきように大切に舞い、唱《となえ》て舞台をおりられて、始めて一曲の能はみごとに舞いおさめることができたといえますでしょう。人生を舞台にたとえてみて下さい。私の人生という舞台には、いろいろな場面が登場します。一日のうちでも食事をつくるとき、食べるとき、お手洗いで用を足すとき、掃除をしているとき、等《など》。又《また》一生という視点から見れば、幸せの絶頂に酔う日もあれば、病気や失敗や憎しみのどん底にあえぐ日もある。そういう時の自分を姿勢にたとえれば、乱れています。心にかなうことは追いかける。嫌なことは逃げようとする。助けを求めてキョロキョロする。うまくゆくと高慢になり、うまくゆかないとおちこむ、というように。いかなる山坂が訪れようと、姿勢をくずさず、そこを正念場とし、そこに姿勢を正し、受けて立つ、これが坐禅の姿勢で一生を生きるということです。どの一瞬もかけがえのない、やりなおしのできないわが生命の歩みとして一歩一歩、一瞬一瞬を決定《けつじょう》の時とし、決定の場として大切に生きるそれを禅の生き方と呼ぶのです」

第六十六則「九峰頭尾《きゅうほうずび》」では、九峰和尚が修行僧の「頭《ず》とは何か」「尾《び》とは何か」「頭があって尾がないときはどうか」「尾があって頭がないときはどうか」「頭と尾と両方ととのっているときはどうか」等の質問に答えている。

「頭」という言葉で表現している中味は、理論的には天地の道理その中に生かされている生命の真実を学び、それを今ここの行として徹底的に自我を放下して坐禅を組む、いわゆる向上門《こうじょうもん》を意味し、「尾」は、具体的日常生活のすべての上に、更《さら》には人々の中へ入って苦楽を共にしながら真実の生き方を伝える向下門《こうげもん》を表すといえよう。

向上門に終わりはないが、それだけに心うばわれ、あるいはそこに坐《すわ》りこんで生きた働きに出て来ないのを「頭があって尾がない」といい、逆に「尾があって頭がない」というのは、ひたむきな行と学の掘り下げという背景がないまま、むやみに動きまわっても、その働きは道からはずれてしまいかねないというのである。世にいう「行解相応《ぎょうげ》」とか「智目行足《ちもくぎょうそく》」に当たるのが「頭と尾と両方ととのっている」というのである。更に「頭尾相称《あいかな》うときいかん」の僧の質問に対し、九峰は「室内知らず」と答えている。つまり「やっている」という意識さえもなく無心にそのことと一つになって行じているというのである。

「熟睡のとき熟睡を知らず」という言葉のように、「私は今よく眠っているな」と思ったら狸《たぬき》寝入りにすぎないように、〝やっている〟ことが認識にのぼるうちは、まだ本物でないというのである。

「実践の伴わない学者とはつきあいたくない」と語った法友の言葉が思いあわされることである。

第六十七則　厳経智慧

衆《しゅ》に示《しめ》して云《いわ》く、一塵万象《じんばんぞう》を含み、一念《ねん》三千を具《ぐ》す。何《いか》に況《いわ》んや天《てん》を頂《いただ》き地《ち》に立《た》つ丈夫《じょうぶ》児《じ》、頭《ず》を道《いえ》ば尾《び》を知《し》る霊利《れいり》の漢《かん》、自《みずか》ら己霊《これい》に辜負《こふ》し家宝《かほう》を埋没《まいぼつ》すること莫《な》しや。

挙《こ》す。華厳経《けごんきょう》に云《いわ》く、我《わ》れ今普《いまあまね》く一切衆生《さいしゅじょう》を見《み》るに如来《にょらい》の智慧《ちえ》徳《とく》相《そう》を具有《ぐゆう》す、但妄想執著《ただもうぞうしゅうじゃく》を以《もっ》て証得《しょうとく》せず。

頌《じゅ》に云《いわ》く、天蓋《てんおお》い地載《ちの》す。団《だん》と成《な》し塊《かい》と作《な》す。法界《ほっかい》に周《あまね》くして辺《へん》なく、鄰虚《りんこ》を析《くだ》いて内《うち》無《な》し。玄微《げんび》を及尽《ぎゅうじん》す、誰《た》れか向背《こうはい》を分《わか》たん。仏祖来《ぶっそきた》って口業《くごう》の債《さい》を償《つぐの》う。南泉《なんせん》の王老師《おうろうし》に問取《もんしゅ》して、人々只《にんにんただ》一茎菜《きょうさい》を喫《きっ》せよ。

東海道五十三次の手本となった華厳経

「悠々たるかな天壌《てんじょう》、遼々《りょうりょう》たるかな古今。五尺の小軀を以《もっ》てこの大をはからんとす云々《うんぬん》」とかたわらの大樹を削り、「巌頭の感」を書き、人生ついに「不可解」と云《いっ》て日光の華厳の瀧に身を投げた藤村操のことは、大概の人は知っているであろう。しかし瀧の名前となった「華厳《けごん》」が、釈尊御一代の教えを五期に分類したその第一期の名前であり、第二期が「阿含《あごん》」、第三期が「方等《ほうどう》」であること、しかも華厳の瀧を仰ぎ見るその足もとに小さな二つの瀧があって、「阿含の瀧」「方等の瀧」と呼ばれていることは、あまり知られていないのではなかろうか。

その昔、比叡山や高野山に属する修験道の人々が、日本の山々を拓《ひら》き、それに自分達《たち》の奉ずる仏教教学に登場する名前や、薬師岳、阿弥陀《あみだ》ケ原というように仏の名をつけた。

更《さら》にはその教学を市井の生活の中にわかりやすく溶けこませるための、さまざまなる努力をした。東海道五十三次の宿場などはそのよき例といえよう。

『華厳経』の中の「入法界品《にゅうほっかいぼん》」に登場する善財童子《ぜんざいどうじ》の求道の旅を東海道五十三次にあてはめたものである。

善財童子とは、インドの富豪の息子として生まれたが、いわゆる財産ではなく、善根《ぜんごん》を積むことを最高の財産とせよ、の願いからこの名がつけられたという。やがて文殊菩薩《もんじゅぼさつ》の弟子となって出家し師の命にしたがい五十二人の人生のよき指導者を訪ねての南詢《なんじゅん》の旅の物語が、「入法界品」の中味である。

ちなみに「南」とは南北というような方角を意味するばかりではなく、南を向いて座る方、つまり君主を意味し、寺では最尊位である仏位を意味する。したがって天皇に侍奉する武士たちは北に向かって伺候するから北面の武士なのである。

善財童子「南詢の旅」と呼ばれる「詢」は「訪ねる」「道を問う」などの意味を持ち、最高の仏の境涯（南）を求めての旅を意味する。

五十二人の人生の先達《せんだつ》の中味が興味深い。

出家者よりも在家の方が多く、国王あり、長者あり、医師あり、船守りあり、仏教以外の宗教者あり、仏母や仏妃のような尊貴の人があるかと思えば遊女も混じっている。つまりは人生の旅路、そこに登場するすべての人を師とし、すべての事から学んでゆけというのではなかろうか。宮本武蔵が「吾《われ》以外はすべてわが師」と語ったというが、その心であろうかと思うことである。

五十三というのは仏教教学上、修行の段階を五十三段階に分類したもので、五十二人の善知識を訪ねての修行を終え、最後の五十三番目が仏位、仏の位ということになる。

「お江戸日本橋七つ立ち」と唄《うた》にもあるように、午前四時の旅立ちから始まり、箱根の関や、大井川の難所を経て、ようやく京都にたどりつく。その五十三段階目の仏位に当たる京都の町づくりが、仏さまや仏さまの教えを象徴するお袈裟《けさ》を形どったものであることが心憎い。

仏弟子を象徴するお袈裟は、釈尊の指示により、人々の捨てた布—死んだ人が着ていたもの、火に焼け残ったもの等—を拾い集め、良いところを四角に切りとり、うすぎれたところはあて布をしたり刺子《さしこ》にしたりして田の形に縫いあげたもの、その田や畔道《あぜみち》の数から五條、七條、九條などと名づけられ、そのお袈裟の形と名もそのままに京都の町づくりがなされたのである。

華厳経の深い教えをこのような形で日本文化の中に溶けこませ、又《また》、人々の心の奥深くに支えとならせてきた先人の叡智《えいち》を思うことである。

第六十七則「厳経ごんぎょう智慧ちえ」は、この華厳経の教えを取り上げたものである。

大根如来、人間如来としての生命を輝かせよ

米という文字は八十八という字画で構成されている。それは米一粒ができる背景に、八十八回の手数がかかっていることを忘れるなとの教えだ、と昔から語りつがれてきた。農機具が発達し、作業が簡単になった今も、耕し、整地をし、水を張り、苗を植え、消毒したり除草したりして育て、やがて刈りとる。その間の手数は八十八回ばかりではない。そのように人事を尽くしても、冷夏であったり、雨が少なかったり、逆に台風などの被害によって一粒も収穫できない年もある。

このようにして出来た米や野菜たちが一度の食卓に勢揃《せいぞろ》いする。更《さら》には米や野菜が食べられる状態になるためには、鍋や釜や包丁などのお世話にならねばならない。電気やガスのお世話にもならなければならない。とすると鍋釜や包丁をつくった方々や電気やガスをつくって送って下さる方々の御苦労、更には食器を作って下さった人々の汗や、直接には料理して下さった方々の真心等々。天地いっぱい総力をあげての働きが結集して一度の食事となるのである。

仏教徒はそれを「一つには功《こう》の多少をはかり、彼《か》の来処《らいしょ》をはかる」と感謝し、「二つにはおのれが徳行《とくぎょう》の全欠《ぜんけつ》を計って供《く》に応ず」、つまりそんな大変なお食事をいただくに足る私の今日の生き方であったかを反省してちょうだいします、と食前に唱え、感謝と懺悔《さんげ》と誓願の合掌を捧《ささ》げていただく。

天地いっぱいが総力をあげて米一粒、菜一枚を育て、一輪の花を咲かせる。それらが結集して一度の食事を飾り、私の今日の生命をあらしめている。

そのかかわりを仏教では一即一切、一切即一という言葉であらわす。つまり米一粒（一）の背景に天地いっぱい（一切）の働きがあり、一度の食事の背景に天地いっぱいの御働きがある、というのである。この御働きを「阿弥陀《あみだ》如来」とか「大日如来」などと、象徴的に姿や名前をつけてお呼びし、礼拝する。

たとえば地上の一切のものが、全く平等に太陽の光の恩恵に浴しているように、一切の存在は、人間から動・植物、鉱物に至るまでもれなく天地いっぱいの御働きを一身にいただいて、大根如来、米如来、人間如来としての生命を、気づく気づかないにかかわらず、初めから授かり、自由自在に使いぬかせていただいているんだよ、というのである。

そこのところを第六十七則「厳経智慧《ごんきょうちえ》」の「示衆《じしゅ》」では「一塵万象《いちじんばんぞう》を含み、一念に三千を具す」という言葉で語りかけている。「一塵」つまり米一粒、菜っ葉一枚の背景に「万象」すなわち天地総力をあげての働きがある、というのである。その働きを「如来」とお呼びする角度から光をあてて「本則」では『華厳経』の「出現品《しゅつげんぼん》」の一節「我今あまねく一切衆生を見るに、如来の智慧徳相《とくそう》を具有す」の言葉を提起し、そういう道理に暗いために、そのすばらしい本具の生命の輝きを埋没させてはならない、と語りかける。

「天を頂き地に立つ丈夫児《じょうぶじ》、頭《ず》を云《い》えば尾《び》を知る霊利《れいり》の漢《かん》」という「示衆」の一節は「一を聞けば十を知る」頭脳明晰《めいせき》の人と受けとめたいが、そうではない。われわれはみな全く平等に天をいただき、地に立ち、天地総力をあげてのお働きをいただいて、今ここに生かされている。その生かされている生命の働きを見るに、たとえば、眼がトマトをとらえたら、ただちに脳へそれを伝達し、〝トマトだ、熟している、昼の献立に加えよう〟と脳が働く。又《また》は、トマトを食べたら、ただちに胃は消化し、腸は必要なものを吸収し、不要になったものは排泄《はいせつ》してくれる。このみごとな働きを「頭を云えば尾を知る」の言葉で表現したのである。その絶妙な働きの他《ほか》に、如来はないんだよ、と語りかける。

あとがき

仏の光につつまれて
私の中の悪念が
ふとみえる
太陽の光ではみえぬ悪念

榎本榮一さんの「仏光陽光」と題する詩である。仏の光のお蔭で、自分では見えない自分の中の煩悩の闇に気づかせていただき、同時に煩悩の闇のお蔭で光りに出会わせていただける。

闇ゆえに光を求め、闇にみちびかれて光に出会い、出会った人が光となって人々の足もとを照らして下さる。そういうお方々の足跡の片々を連ねたといってもよい『従容録』の森に分け入り、先に三十則までを一冊目とし、この度、続篇の形で二冊目を上梓させていただく運びとなった。一般の新聞の読者の手許まで、いかに身近なものとして送りとどけるかと、それのみを念頭に書き進めたものであるため、いかにも舌足らずであること、さらには内容的に一般的でないと思われる等の理由で数則が飛ばしてあることも、おことわりしておかねばならない。

「市民タイムス」や春秋社の編集部の皆様の御好意により、この小冊子が生まれたことを付記して感謝の意としたい。

平成二十一年十一月　立冬の朝

青山　俊董　合掌

著者紹介

青山　俊董（あおやま・しゅんどう）
昭和８年、愛知県一宮市に生まれる。５歳の頃、長野県塩尻市の曹洞宗無量寺に入門。15歳で得度し、愛知専門尼僧堂に入り修行。その後、駒澤大学仏教学部、同大学院、曹洞宗教化研修所を経て、39年より愛知専門尼僧堂に勤務。51年、堂長に。59年より特別尼僧堂堂長および正法寺住職を兼ねる。現在、無量寺東堂も兼務。昭和54、62年、東西霊性交流の日本代表として訪欧、修道院生活を体験。昭和46、57、平成23年インドを訪問。仏跡巡拝、並びにマザー・テレサの救済活動を体験。昭和59年、平成９、17年に訪米。アメリカ各地を巡回布教する。参禅指導、講演、執筆に活躍するほか、茶道、華道の教授としても禅の普及に努めている。平成16年、女性では二人目の仏教伝道功労賞を受賞。21年、曹洞宗の僧階「大教師」に尼僧として初めて就任。明光寺（博多）僧堂師家。
著書：『くれないに命耀く』『光のなかを歩む』『花有情』『生かされて生かして生きる』『今ここをおいてどこへ行こうとするのか』『十牛図 ほんとうの幸せの旅』『美しく豊かに生きる』（以上、春秋社）、『新・美しき人に』（ぱんたか）他多数。著書のいくつかは、英・独・仏など数カ国語に翻訳されている。

光に導かれて　従容録ものがたり II

2009年11月20日　第１刷発行
2022年５月30日　第３刷発行
著者©＝青山　俊董
発行者＝神田　明
発行所＝株式会社 春秋社
〒101-0021　東京都千代田区外神田2-18-6
電話　(03)3255-9611（営業）(03)3255-9614（編集）
振替　00180-6-24861
https://www.shunjusha.co.jp/
印刷所＝株式会社 丸井工文社
製本所＝ナショナル製本協同組合
装　画＝佐久間　顕一
装　幀＝本田　進

ISBN978-4-393-15333-8　C0015　　Printed in Japan
定価はカバーに表示してあります

◆青山俊董の本◆

あなたに贈る　ことばの花束
自らの人生で、指針となり慰めとなった数々の言葉たち。やすらぎに誘われる会心のエッセイ。　一一〇〇円

あなたに贈る　人生の道しるべ
ふと気付いた日々の喜びなどを、心に響く名言を添えて滋味深く綴る珠玉のエッセイ集。　一三二〇円

くれないに命耀く　禅に照らされて
自身の身の置き所を失ったすべての人びとにおくる自己再生のための「人生講話」。　一九八〇円

生かされて生かして生きる〈新版〉
どんな過去も今日の生きざま一つで光る。人生といかに向き合っていくのかをやさしく語る。　一六五〇円

今ここをおいてどこへ行こうとするのか
たった一度の人生、どのように生きるのか。人生の指針となる、かけがえのない教えがここに。　一八七〇円

十牛図　ほんとうの幸せの旅
禅の有名なモチーフを用いて、幸せへの旅路をやさしく語る。図版と丁寧な解説つき。　一七六〇円

美しく豊かに生きる　阿難さまと道元禅師「八大人覚」
凛として清々しく。コロナ禍をこえて、人はどう生きるべきか。心に響く人生の処方箋。　一八七〇円

花有情
四季折々にそっと花入れに移した風情を追った写真と珠玉のエッセイ。心温まる写真文集。　三八五〇円

▼価格は税込（10％）